好妈妈要**及早**告诉女儿的事

陪·伴·女·孩·走·向·优·秀

邓馨 编著

中国纺织出版社有限公司

内 容 提 要

女孩与男孩不同，女孩在生理上更脆弱，心理上更敏感，需要妈妈给予特别的教育方式。作为妈妈，尽早告诉女儿一些成长过程中关于生理和心理学上的知识，能让女儿避开成长中的恐惧与焦虑，让她们坦然面对未来，也能让女儿更健康地成长、更幸福地生活……

这是一本写给正朝向"女人"路途上成长的女孩和她的妈妈共同阅读的枕边书，本书不仅是要告诉妈妈们如何育女的"标准答案"，也是让妈妈和女儿一起思考和讨论如何成为更有气质、内涵和魅力的优秀女人。本书从生理和心理两个大方面入手，涵盖了女孩成长过程中的各类问题，希望对广大的妈妈和女孩都有指导意义。

图书在版编目（CIP）数据

好妈妈要及早告诉女儿的事 / 邓馨编著 . -- 北京：中国纺织出版社有限公司，2023.10
ISBN 978-7-5229-0388-0

Ⅰ.①好… Ⅱ.①邓… Ⅲ.①女性—家庭教育 Ⅳ.①G78

中国国家版本馆CIP数据核字（2023）第041880号

责任编辑：刘桐妍　　责任校对：高 涵　　责任印制：储志伟

中国纺织出版社有限公司出版发行
地址：北京市朝阳区百子湾东里A407号楼　邮政编码：100124
销售电话：010—67004422　传真：010—87155801
http://www.c-textilep.com
中国纺织出版社天猫旗舰店
官方微博 http://weibo.com/2119887771
三河市延风印装有限公司印刷　各地新华书店经销
2023年10月第1版第1次印刷
开本：710×1000　1/16　印张：10
字数：124千字　定价：49.80元

凡购本书，如有缺页、倒页、脱页，由本社图书营销中心调换

前言 PREFACE

著名作家赛缪尔·斯迈尔斯曾经说过："女性的素质决定着整个民族的素质。"的确，女孩子的品质，小则关乎一个人的人生，大则关乎整个民族的命运。高贵典雅的女孩子，能有富贵祥和的命运，能使自己的周围产生安乐稳定的氛围；自卑狭隘的女孩子，便有凄惨悲凉的命运，使自己的周围蒙上晦暗飘摇的阴影。在家庭教育中，妈妈对女儿的教育起着至关重要的作用。妈妈是女儿生命的给予者，能教会女儿善解人意、大方自信、气质迷人；能让女儿知道什么是爱、知道如何经营婚姻……用一句话来说就是——妈妈的爱能让女儿变得更温暖、健康、自信。诚然，女儿是妈妈贴心的小棉袄，而妈妈却在女儿的成长中操碎了心。

教育心理学家指出：爱和教育是女孩心灵最好的养分，为了女儿的健康成长，妈妈必须成为女儿人生的启蒙导师，并且要尽早告诉女儿一些成长中的道理。那么，具体包括哪些内容呢？

我们将会在本书中一一找到答案。

本书主要是从妈妈的角度，运用生理学、心理学和教育学方面的知识，全面介绍了女孩成长过程的种种问题、遇到的烦恼等，它不只是一份给女孩们的贴心礼物，更是一个妈妈教育女儿的助手，不但协助了女儿的生理卫生教育，还帮助妈妈对女儿进行心理上的辅导。女孩是脆弱的，也

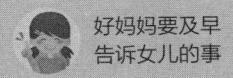

是勇敢的。可怜天下父母心，我们不妨把对女儿的爱化作对她的教导，让女儿在妈妈的呵护下感到安全和自信，奠定她明朗快乐的人格底色，让她高贵而优雅、聪慧而明智地活着。即使在情窦初开的年龄，亦能保持一颗安静清澈的心。懂得欣赏，懂得辨别，懂得自爱与爱人。

总的来说，作为妈妈，即使我们无法提供给女儿优越的生活条件，但请你一定给她足够的关爱，让这爱滋养她，润泽她，开启她的智慧，塑造她健全的人格，让她拥有强大的心灵。只有这样，她才有力量保护自己，从而少受伤害；才可以在喧嚣红尘中气定神闲，安之若素。最后，希望本书能对广大的家长和教育工作者起到帮助作用。

编著者

2023年6月

目录 CONTENTS

第 01 章 了解女孩：女孩和男孩有哪些不一样

女孩，你的大脑构造有这些不同 / 002
女孩，需要妈妈更多的爱和关怀 / 004
敏感脆弱的女孩更易受伤 / 005
妈妈要鼓励女孩战胜自我，绝不做胆小鬼 / 007
女孩脆弱，但也决不可过度依赖父母 / 009

第 02 章 有修养懂礼貌：妈妈为你的好教养而骄傲

穿戴得体，是对他人的尊重 / 012
遇到熟人，要礼貌称呼 / 013
保持优雅姿态，女孩要学习礼仪 / 015
女孩，你最重要的是善待和珍爱自己 / 018
尊重长辈的女孩被人爱 / 020

第 03 章 自律的生活习惯：积极向上总是会让你收到回报

女孩爱美，也一定要爱干净 / 024
保证充足的睡眠时间 / 026
积极勤勉，女孩要做好自己的分内事 / 028
女孩多读书，远离电子产品 / 031
营养均衡，要吃得健康 / 033

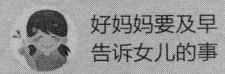
好妈妈要及早
告诉女儿的事

第 04 章 长大了别害怕：妈妈是你坚强的后盾

乳房有肿块，是不是生病了 / 038
头发变白了，是老了吗 / 039
身体流血了，好害怕 / 041
为什么突然成了小胖妞 / 044
为什么不长个了 / 046

第 05 章 女孩大胆追梦：尽早定目标，妈妈是你的依靠

以名人作为榜样，汲取名人的精神力量 / 050
女孩要时刻保持你的创造力 / 052
女孩，你要谦虚，也要自信 / 053
尽早树立你的目标 / 055

第 06 章 女孩你别哭：妈妈给足你自信和勇敢

亲爱的女孩，你别哭 / 060
从黑夜逃离，你就能看到光明 / 061
女孩，要有不输男儿的气魄 / 063
展现你的自信，你就是最美丽的 / 065

第 07 章 妈妈要对女儿说：女孩，无论何时都要保护好自己

女孩要知道，生命多珍贵 / 070
被失眠困扰时，你可以求助于妈妈 / 072
好女孩绝不沾染烟酒 / 074
女孩爱钱，但不可做吝啬鬼 / 076
孤独来袭，女孩要怎么办 / 078

第08章 不做自私鬼：女孩情商高就会人缘好

努力才有收获，这是亘古不变的道理 / 082

女孩，大方社交不恐惧 / 085

女孩，如何获得你的友谊 / 087

好女孩绝不任性自私 / 089

做你自己就好，不必伪装 / 092

第09章 坚持勤奋学习：要记住你在为自己学习

你要明白，你的学习是为了自己 / 096

女孩要独立，掌握一定的知识和技能 / 098

女孩学习，不能只为了考试 / 100

女孩，必须非常努力 / 102

妈妈告诉你，抄作业是自欺欺人的行为 / 104

第10章 有爱心懂感恩：善良是女孩最大的财富

女孩你只管努力做好你自己 / 108

女孩，是你的责任就必须承担 / 110

重信义的女孩也要一诺千金 / 112

女孩要知道，不是你的东西绝对不能拿 / 114

女孩，绝不做欺负弱小的人 / 117

第11章 坦然面对成长问题：女孩，做不完美且真实的你

嫉妒使美丽女孩面目全非 / 120

战胜自卑，你不比任何人差 / 122

远离抑郁，做阳光开朗的快乐女孩 / 124

亲爱的女儿，你是最棒的 / 126

你为何不想上学 / 128

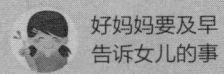
好妈妈要及早
告诉女儿的事

第12章

青春期情窦初开：异性相处要保持合适距离

遭遇性骚扰，女孩如何保护自己 / 132

青春期与异性交往，自然大方也保持距离 / 134

女孩追星要适度，不可迷失自我 / 136

女孩，你知道网恋的危害吗 / 138

第13章

谈论"性"并不可耻：女孩，这是你人生不可回避的问题

接吻就会怀孕吗 / 142

妈妈告诉你什么是处女 / 144

女孩产生性幻想，很可耻吗 / 146

避孕套的作用与用法 / 148

参考文献 / 151

第 01 章
了解女孩：女孩和男孩有哪些不一样

有人说，女人来自金星，男人来自火星。其实，女人和男人的不同，在孩童时期就表现出来了。女孩相对文静，喜欢合作，很善于人际交往，在饮食方面倾向于甜的食物；而男孩则更加活泼顽皮，总是喜欢冒险，会惹很多的麻烦。男孩跟女孩的不同到底是如何而来的呢？其实，男孩与女孩在生理方面就存在着本质性的不同。女孩的染色体是X，男孩的染色体是Y。对于女孩来说，在拥有X染色体的那一刻，就注定了她作为女性与男性截然不同的生命蓝图。

好妈妈要及早
告诉女儿的事

女孩，你的大脑构造有这些不同

心理学家提出，女孩与男孩的不同并不主要取决于天生的差异，女孩之所以表现得和男孩不一样，是受到了后天成长环境的影响。后天成长环境包括很多复杂的因素，既包括家庭环境、父母的引导，也包括社会文化。毋庸置疑，这些因素的确也会影响女孩的成长，但是从生理学的角度来说，女孩的头脑构造和男孩原本就是截然不同的，所以女孩才会在本质上表现出和男孩的不同。

在生命诞生之初，女孩就有一个完整的大脑，女孩的大脑由左右两个半球构成，而且有数百万细胞经过神经递质进行联系和作用。这直接决定了女孩在年幼的时候语言能力比男孩强。相比起女孩，男孩的大脑则从右半球开始发育。等右半球领先发育完成之后，男孩才会发展左半球。由于左半球掌管语言的神经中枢，所以男孩的语言能力发展会比女孩稍微滞后。

女孩的敏感性更强，触觉、听觉、味觉都非常灵敏。女孩能对外在世界进行很好的体验，内心世界也比男孩更丰富细腻。小女孩即使只抱着一个简单的洋娃娃，也可以和洋娃娃之间进行虚拟的语言沟通和心灵交流。

很多父母都惊讶于女孩能够很好地控制自己的情绪，保持安静和平和。实际上，这是因为女孩的大脑中有一种特殊的物质能够控制女孩冲动的情绪，因此在两三岁前后，女孩就会表现出比同龄男孩更加稳定的情绪。此外，在女孩还很幼小的时候，她们的大脑已经开始分泌催产素。事实证明，即使是很小的女孩，也喜欢和洋娃相依相伴，这是因为她们天性就喜欢照顾弱小者。科学家经过研究发现，雌性的灵长类动物在面对幼小的婴儿、小动物以及其他需要它们发挥母性去照顾的对象时，大脑中同样会分泌催产素，这也是让女孩充满母性光辉的根本原因。

现实生活中，很多女孩的记忆力明显比男孩的记忆力更强，这是因为她们大脑中最重要的主管记忆的区域——海马体发育得比男孩好。这导致女孩海马体的神经元数量非常多，而且神经传递的速度非常之快。正因为如此，父母在向女孩传递任务的时候，即使一次性向女孩传递多个任务，女孩都能按照顺序完成得很好。而当向男孩传递多个任务时，男孩却会出现丢三落四、颠三倒四的现象。这一切都是因为男孩的海马体没有女孩的海马体发育得好，所以男孩的记忆力没有女孩的记忆力强。

这与我们的祖先在漫长的进化过程中分工不同有密切的关系。在远古时代，男性负责外出狩猎，女性则负责在家里照顾孩子、操持家务。因此，女性负责的事情是更加琐碎的，为了记住这些事情，女性必须增强自己的记忆力。在漫长的历史进程中，女性的海马体变得越来越大，她们第一时间就能听到孩子的哭泣，也可以在危险到来的时候表现出坚强的韧性，努力地保护孩子。和女性相比，男性狩猎则只需要勇猛，而不需要过多思考。正是因为这样的进化过程，导致男性更加冲动好斗，喜欢竞争和角逐；而女性则喜欢彼此合作，密切配合，从而更好地完成任务。

在思维方式方面，女性更注重感性思维，她们在考虑很多问题的时候，都会从主观的角度出发；而男性则更注重逻辑性思维，因而男性表现出更加理性的特点。除了这些方面之外，女性的脑部结构在很多方面仍与男性不同，所以女孩和男孩在成长的过程中也表现出明显的差异。想弄清楚女孩和男孩为什么有巨大的差异，我们就必须了解他们的大脑构造，这样才能从生理学的角度更加深入地了解男女大脑构造差异，才能为养育女孩作好充分的准备。

好妈妈要及早
告诉女儿的事

◇ 爸妈有话说：

　　孩子，你是命运赐给爸爸妈妈的小天使，你代表着一切美好，你给全家都带来了希望。不管你做什么，爸爸妈妈都希望你是出于真善美的愿望，也希望你能去创造生活的美妙和幸福。

女孩，需要妈妈更多的爱和关怀

　　这天晚上，妈妈因为上班很累很辛苦，需要好好休息，所以没有陪伴四岁的甜甜睡觉，为此甜甜生妈妈的气了！在睡觉之前，她气鼓鼓地离开妈妈的房间，说："我就知道你不爱我！"其实，妈妈何尝不想每天晚上都搂着软乎乎的甜甜入睡呢？但因为妈妈需要抽空补充睡眠，所以不得不偶尔让奶奶陪着甜甜入睡。

　　次日早晨，妈妈一起床就去看甜甜。甜甜已经醒了，听到妈妈亲昵地呼唤她的名字，甜甜当即撅着小屁股对着妈妈，不愿意看妈妈。妈妈意识到甜甜还在生气，不由地感到很无奈：这小姑娘怎么一直在生气呢，这么记仇！

　　如果父母同时拥有养育男孩和女孩的经历，在对比之中，就会发现女孩比男孩更加感性。如果说男孩是粗线条的，那么女孩则是非常温柔细腻的。如果说男孩是粗心大意的，那么女孩则是非常小心细致的。对于那些细小的事情，女孩都可以敏锐地感知到。就像事例中的甜甜，虽然才四岁，但是她对于前一天晚上的事情一直表示很生气。直到次日清晨醒来，她仍不愿意与妈妈恢复亲密的关系，这可真是个记仇的小姑娘。这就告诉父母，在对待女孩的时候，要以更加柔和细腻的方式，而不能以养育男孩那种简单直白的方式。

　　家庭生活里，难免会发生各种磕磕碰碰的事情，尤其是父母和子女之间。

随着孩子不断地成长，或者因为观念和主张的不同，或者因为学业上的要求，父母很容易与孩子发生各种各样的矛盾和纷争。作为父母，在面对女孩的时候，要更多地考虑女孩的感性，照顾好女孩的情绪。

女孩的感知力非常敏锐，所以她们对于家庭氛围的要求比男孩更高。通常情况下，当父母吵架的时候，男孩往往对此不以为然，也几乎不把这件事情放在心上，而女孩却会为此感到忧愁，甚至陷入焦虑紧张。因此，对于女孩而言，父母能否友好相处，决定了她是否具有安全感。

除了父母的婚姻关系会影响女孩的心理状态之外，亲子之间的各种误会，也很容易让女孩陷入焦虑之中。在与女孩相处的时候，父母要尽量避免误会的发生，也要尽量给予女孩被爱的感觉，尤其是在和女孩发生意见分歧的时候。如果女孩的愿望是合理的，那么父母就要尽量尊重女孩的选择，而不要过度强迫女孩。总而言之，父母要让女孩感受到自己是被爱与尊重的，要让女孩在家庭生活中获得真正的安全感，这样女孩才能够情绪平和、健康快乐地成长。

◇ **爸妈有话说：**

女性都是非常感性的，这一点在小小年纪的女孩身上也会有所表现。作为爸爸妈妈最爱的小女孩，如果有想对爸爸妈妈说的话，随时都可以告诉他们，而不用隐藏在心里。记住，爸爸妈妈永远是最爱你的人。

敏感脆弱的女孩更易受伤

思思是一个非常敏感的女孩，她从小就很安静，也很内向，很少说出心里的话。即便她长大之后，爸爸妈妈也不知道她的心里在想什么。

有一天上课，老师提问思思一个问题，思思也许是不知道答案，也许是

害羞不敢说,她站起来之后只是低着头看着课本,一直都没有抬头看老师。老师看到思思无动于衷的样子,只好让另外一个同学来回答问题。让老师很惊讶的是,在那个同学回答完问题之后,思思居然趴在座位上伤心地哭起来。老师安慰思思说:"有问题不会回答这很正常,不值得难为情啊,你为什么要哭呢?"思思一句话也不说,眼睛哭得红肿。后来,思思接连几节课都心不在焉。

看到思思的情况,老师很担忧,当即打电话把当天上课的情形告诉了思思的妈妈。思思妈妈听到之后对老师说:"她平日里在家就是这样,我们根本不敢说她。有的时候,即便我们没有批评她,她也会伤心地哭泣,弄得我们现在和她沟通的时候压力很大。"

女孩的心思是非常细腻的,而且女孩自尊心特别强烈。如果父母不了解女孩的敏感,那么,当女孩因为敏感而情绪波动时,父母往往也会觉得丈二和尚摸不着头脑。所谓说者无意,听者有心。很多时候,说话的人根本没有想太多,但是听话的人心中已是翻江倒海、情绪波澜壮阔。父母会发现,女孩的过度敏感常常给身边的人带来很大的困扰。与女孩相比,男孩的内心则更坚强,哪怕被老师或者父母批评,他们也会勇敢地承认错误,并且主动改进。男孩很少哭泣,他们往往会在问题解决之后马上就恢复如常。父母只有了解女孩的内心,才能保护好女孩敏感的心,让女孩更加快乐地成长。

其实,越是自尊心强烈的女孩,越是缺乏自信,她们对自己缺乏客观公正的评价,也总是担心别人会批评她或者说出让她无法面对的话,其实这就是女孩的敏感心在作祟。现代社会,大多数孩子都是家里的独生子女,从小就在父母无微不至的呵护下成长,承受挫折的能力很差。对于这样的女孩,父母应该有意识地给女孩历练的机会,让她经受更多的磨练,并有意识地锤炼女孩的内心,让她变得更加坚强。唯有如此,女孩才能勇敢地面对人生。

◇ 爸妈有话说：

　　孩子，在爸爸妈妈的照顾下，你会健康快乐地成长起来，但是爸爸妈妈不可能永远陪伴在你的身边，更不可能永远照顾你。你终究要独立，独自面对世界。人生中有很多的风雨与坎坷，你要勇敢地迎上去，才能让自己的内心变得真正坚强。记住，哭泣不能解决任何问题，在遇到问题的时候，你要笑着面对，这才意味着你真正长大了。

妈妈要鼓励女孩战胜自我，绝不做胆小鬼

　　思思不但非常害羞，而且很敏感，每当家里来客人的时候，思思总是很发愁，因为妈妈会要求她向客人问好，还会要求她在客人面前展示才艺。每当此时，思思恨不得找个地缝钻进去，天知道，她根本不想面对这些不知道从哪里来的陌生人，也不愿意展示自己的才华给他们看。

　　中午放学的时候，妈妈打电话给思思，告诉思思："舅舅来家里了。"虽然思思很喜欢和舅舅家的表妹一起玩，但是她不想见舅舅。为了逃避见舅舅，思思想了个好办法，她打电话告诉妈妈："妈妈，我今天要在学校写作业，中午就不回家吃了。"整个中午，思思都留在学校，但她根本没有钱买东西吃，只好饿着肚子度过整个下午。尽管一下午都饥肠辘辘，思思还是觉得很满足，一想到回家的时候舅舅已经离开，她就感到内心很轻松。

　　在一定的限度内，女孩怕羞是正常的，但是当超过正常的限度、表现出过度害羞时，女孩的成长就有麻烦了。如果觉得怕羞已经严重影响生活，就要找心理医生咨询，解开这个心结。在这个事例中，思思因为怕羞不想向舅舅问好，为了逃避舅舅居然选择留在学校，宁愿不吃午饭。不得不说，思思的怕羞

好妈妈要及早
告诉女儿的事

已经达到了很严重的程度。

从心理学的角度来说，思思的内心是非常怯懦的。很多怯懦的人都不敢面对大众，他们更喜欢独来独往，在遇到那些难以战胜的难题时，他们还会情不自禁地退缩。心理学家通过研究发现，每个人的先天条件都相差无几，而有的人会成功，有的人却总是与失败纠缠，是因为他们对待失败的态度不同。成功者能够踩着失败的阶梯不断地努力向上，而失败者则在失败面前一蹶不振，完全放弃。后者可能不会再次遭遇失败，却也彻底失去了成功的机会。

看到女孩怯懦的时候，父母总是感到手足无措。其实，父母要有意识地培养女孩的勇气，也要以身示范做好女孩的榜样，这样女孩才会越来越勇敢。此外，父母还要培养女孩独立的能力，让女孩勇敢地做好力所能及的事情，并拥有足够的自信面对人生中的坎坷。只有这样，女孩才能更加有勇气。当然，在女孩表现出一定的进步时，父母要及时鼓励和奖赏女孩，这样女孩会感觉得到了认可，才会继续努力，再接再厉。

现代社会，在很多家庭里，都是由妈妈和奶奶或者姥姥负责养育孩子。为了避免孩子受到伤害，她们会限制孩子行动的自由，也总是把安全问题挂在嘴边。要想培养女孩的勇气，不妨尝试着让爸爸多和孩子在一起玩耍，并以身示范，给孩子做出最佳的榜样，这样女孩才会更加勇敢坚强，才会在人生的道路上成长得更加迅速。

◇ **爸妈有话说：**

女孩，你的名字不是怯懦，任何时候你都应该勇往直前，为自己开辟前行的路。正如大文豪鲁迅先生所说："其实地上本没有路，走的人多了，也便成了路。"谁说女孩就要走怯懦的道路呢？当你变得阳光自信、充满勇气时，你就会发现，你的人生变得截然不同。

女孩脆弱，但也决不可过度依赖父母

可可从小就跟妈妈一起长大，爸爸因为工作，长年累月地在外面出差，所以可可见到爸爸的次数有限。每天从早到晚，可可都和妈妈待在一起，她跟妈妈的感情很深，非常依恋妈妈。

到了上幼儿园的年纪，可可该去幼儿园了。送可可去幼儿园成了妈妈最痛苦的事情。在去幼儿园的初期，可可每次都会死死地拉着妈妈的衣角不愿意松开，好不容易走进教室，妈妈刚离开，她就开始哭得撕心裂肺。有的时候，妈妈即使已经走到校门口，也还能听到教室里传来可可的哭声。对于可可这样的状态，妈妈也不知道如何是好。

很多妈妈都会特别心疼女孩，为此，在有了女儿之后，她们往往全身心地扑在女儿身上。实际上，这样全力以赴地陪伴和疼爱女儿，给女儿更多的照顾和爱，会导致女儿对妈妈过度依恋。

每个女孩从婴儿时期就有感情上的需求，在感觉不到妈妈的爱时，她们会以哭泣的方式吸引妈妈的注意。在这个时候，妈妈可以抱起女孩，因为对于婴儿，无论妈妈再怎么疼爱都是不为过的。然而，随着女孩渐渐长大，如果妈妈依然这样保护孩子，给予女孩无微不至的关爱，渐渐地，女孩就会习惯在妈妈爱的包裹中成长，也习惯于在妈妈爱的包裹之中证明自己的存在。一旦妈妈忽视她们或者是不能满足她们的需求，她们就会哭闹不止，就会要求抱抱或者要求妈妈每时每刻都要陪伴着她们。

在爱孩子的时候，一定不要毫无限度，而是要有所节制。随着孩子不断地成长，父母爱的方式也应该进行调整，这样才能给予孩子最好的关照和引导。需要注意的是，那些相对独立自强的女孩总是可以更好地照顾自己，对妈妈的依赖性也会大大减弱，而那些相对依赖父母的女孩则总是过度地向父母索求，哪怕有小小的需求，她们也无法自己满足自己。要想避免这种情况的发生，除

好妈妈要及早告诉女儿的事

了要培养女孩的独立自主性之外，父母还要控制好陪伴女孩的时间。父母总有工作需要做，就算妈妈是全职家庭主妇，也需要做各种家务，所以有限度地陪伴女孩这一点非常重要。很多时候，并非女孩离不开父母，而是父母离不开女孩。因此，父母要摆正自己的位置，与孩子保持适度的距离，这样才能更好地照顾女孩。

当然，对于年幼的女孩来说，和父母的相互依存、亲密接触，对她们的成长至关重要。很多父母误以为处于婴儿时期的孩子是没有记忆力的，所以把孩子托付给老人照顾，但心理学家经过研究证实，如果孩子在婴儿时期不能得到父母全心全意的爱，那么在未来成长的过程中，她们在感情方面就会处于饥渴的状态，心理也会因此而产生异常。要想让女孩相对独立，既不要过度陪伴女孩，也不要故意疏忽女孩，只有适度地陪伴，满足女孩对于心理和感情上的需求，她们才会更加健康快乐地成长。

◇ **爸妈有话说：**

爸爸妈妈永远是最爱你的人，任何时候，爸爸妈妈都是你坚强的后盾，都在你的背后。当你觉得疲惫的时候，当你遇到难题不能解决的时候，都可以向爸爸妈妈求助。记住：爸爸妈妈就在家里，为你守护着家，为你守护着人生的来处！

第 02 章
有修养懂礼貌：妈妈为你的好教养而骄傲

每个女孩都像含苞待放的花骨朵，要有优雅的举止。作为女孩，你一定要懂得礼仪，只有这样，当你出现在人群中的时候，才能受到他人的欢迎，才能得到他人的认可和赞赏。

好妈妈要及早告诉女儿的事

穿戴得体，是对他人的尊重

青春期的女孩就像含苞待放的花骨朵，人世间，女孩是美好的代表，也是最美丽的存在。女孩一定要努力提升自我，变得更加高贵优雅，懂礼貌，保持良好的形象。否则，哪怕女孩有美丽的容颜，但形象恶劣、言语粗俗，也是无法给别人留下好印象的。

时代的发展，使女孩对于美有了更深刻的认识。当然，每个女孩对美的理解是不同的，有的女孩认为生活态度积极向上，这才是真正的美丽。美是由内而外散发出来的独特气质，一个女孩可以没有美丽的容貌，但是一定要有美丽的心灵；一个女孩儿可以没有华贵的衣服，但是一定要有整洁的着装。尤其是在面对他人的时候，女孩更要表现出恰当的言行举止，这是尊重他人的表现。

从心理学的角度来说，拥有怎样的仪表，不但影响女孩给他人的印象，也会影响女孩自己的内心。通常情况下，一个井井有条的女孩，和一个总是邋里邋遢、不懂收拾的女孩，给人的印象是截然不同的。女孩要想真正尊重他人，尊重自己，就应该展示出最佳的状态。

具体而言，要打造良好的形象，对他人表示尊重，首先应该保持衣服的整洁和得体。女孩要知道，评价衣服的标准并不在于这件衣服值多少钱，也不在于衣服的质地款式，而在于衣服整体的风格与女孩儿的青春靓丽的气息是否相符合。尤其是整洁，更是最基本的条件。如果女孩穿着很华贵，会给人留下奢华的印象；如果女孩穿着朴素却整洁干净，则会给人留下清爽的印象。

在服饰的衬托下，女孩只要能够不卑不亢、落落大方，就可以从容展示自己的优雅自信。这样一来，女孩当然会给他人留下深刻的印象。实际上，女孩

第 02 章
有修养懂礼貌：妈妈为你的好教养而骄傲

到底是胆怯羞涩还是落落大方，不仅取决于她们天生的性格，还取决于她们在后天成长过程中不断养成的行为习惯。每个女孩都应该充满自信，这样才能表现出自己最佳的状态。当然，要想给他人留下好印象，女孩还应该保持健康和活力，让人生更加充实精彩。对于青春期女孩而言，她们充满健康和活力，可以给他人留下深刻的印象。当然，对人对事的心态也会对女孩的形象起到一定的影响。因此，女孩一定要更加积极向上，保持一颗天然纯真的心，这样女孩才能够如同涓涓细流流入他人的心中，才能给他人带来如沐春风的感觉。总而言之，每个女孩都是这个世界上独立的生命个体，都应该有自己的性格特点和独特魅力。女孩一定要活出精彩的自己，不必迎合他人，更不要因此而委屈自己。所以，女孩要相信自己是最美丽、最优秀的，这样才能从容地展示自己，才能够以最佳的形象示人。

◇ 爸妈有话说：

记住，你就是你，现在的你就是你最好的样子。要想打造出最佳的形象，不需要委屈自己去迎合他人，而应该活出自己最本真的样子。

遇到熟人，要礼貌称呼

随着社会的发展，国民素质也在不断提高，为此，文明礼貌交往成为在整个社会范围内提倡的一种交往方式。不得不说，一个粗俗无礼的人和一个彬彬有礼的人，给人的感受是截然不同的。当然，礼貌并非表面表现出来的那种客套，从本质上而言，它是一个人综合能力的外显，也是一个人交际能力的体现。自古以来，中国就是礼仪之邦，人们彼此之间崇尚礼节，讲究文明，因此，如果没有礼貌，女孩就很难在社会上立足，也无法发展良好的人际关系。

语言是思想的外衣,很多青春期女孩误以为所谓的礼貌就是说诸如"谢谢""对不起""请"和"很抱歉"等这样的话,实际上这些语言只是礼貌的外在表现形式,真正的礼貌是由内而外的思想认知。人是群居动物,每个人都要在人群之中生活,与各种各样的人建立关系。假如没有礼貌,人们之间的交往就会变得很僵硬,缺少礼貌的润滑剂,人际关系也不能如愿以偿地发展。

礼貌还是一种非常伟大的力量。女孩也许没有美丽的容颜,没有机敏的思维能力,但是一定要懂得礼貌。在面对陌生人的时候,能够做到礼貌地称呼他人,可以给他人的心灵带去如春风般的抚慰,也将得到他人慷慨的回报。这就是礼貌最伟大的力量。礼貌还是一种风度,是每个人最美丽的容颜。它的作用远远胜过浓妆艳抹。如果一个女孩非常美丽,却出口成"脏",而且在公共场合里总是高声喧哗,丝毫不顾及别人的感受,那么这样的女孩即使脸蛋长得再漂亮,也是不受欢迎的。所以说,女孩可以没有美丽的容颜,但是一定要有礼貌,这样才能给他人留下温和有礼的印象,才能受到他人的欢迎。

礼貌,这是尊重他人的表现。尊重是人与人之间交往的基础,人们只有彼此尊重,真正地接纳和理解对方,才能够建立良好的关系。

很久以前,有一个贵族在森林里打猎,因为追赶猎物,他不知不觉间迷了路,走了很长时间也没有走出森林。在森林的边缘处,他遇到了一个猎人。他问猎人:"喂,往哪里走才能走出森林?"猎人似乎没有听见他的话,依然低着头走路。贵族继续追问猎人:"我想走出森林,朝哪里走啊?"猎人头也不抬,用手指了指前方。贵族以为前方就是森林的出口,因此赶紧朝着前方策马奔腾而去,扬起的尘土呛得猎人连声咳嗽。贵族沿着方向走了很久,却没有找到森林的出口,眼看着天色越来越晚,他只好折返回来寻找猎人。这一次看到猎人,他远远地就下了马,毕恭毕敬地问:"您好,请问我应该怎么走才能走出森林呢?天色已经晚了,我很需要您的帮助,很抱歉给您添麻烦了。"听到贵族的话,猎人终于抬起头,对贵族说:"你今天晚上可以和我睡,我在森林里有一间小茅草屋。"就这样，贵族有了歇息之地。期间，贵族表现得非常有礼貌，猎人还把自己打到的野兔烧给贵族吃。次日清晨，贵族按照猎人所指的道路离开了森林。

问路的时候，猎人之所以不愿意告诉贵族出口在哪里，是因为贵族非常没有礼貌。在反思之后，贵族变得彬彬有礼，因此猎人不但邀请贵族去自己的茅草屋里过夜，还把自己打到的野兔烧给贵族吃。由此可见，礼貌是一种伟大的力量，它能够彰显自身的气度，也能够改变别人对待我们的态度。

在日常生活中，女孩要养成使用礼貌用语的习惯，虽然"谢谢""对不起""请"等都是最简单和常用的礼貌用语，但是，只要在恰当的场合、合适的时机里使用，就会产生非常好的效果。有礼貌不是虚伪的客套，而是真情实意的尊重，这样才能够传达给别人真情的感受。唯有懂得礼貌，一个人才能够给他人留下良好的印象，才能够表现出自身的素质和涵养。

◇ 爸妈有话说：

女儿，你可以没有美丽的容颜，也可以没有华贵的衣服，但是一定要有礼貌的言行举止。当你成为一个彬彬有礼的女孩时，你必然会给他人留下良好的印象。这样一来，你才能够最大限度提升自身的素质和水平，成为人际交往之中的佼佼者。

保持优雅姿态，女孩要学习礼仪

在成长的过程中，孩子掌握了此前不曾掌握的生活技能，但是，他们也会在某些方面出现滞后和退步的行为。当孩子在学习方面表现出独特的天赋、取得优异的成绩时，他们一定是值得赞许的。但除了学习之外，父母还应该关注对孩子的教养。有人说孩子是父母的镜子，这是因为父母的言行举止会给孩子造成深刻的影响，孩子也会在潜移默化之中向父母学习。由此可见，教养不但关乎孩子自身的素质，也表现出父母在家庭教育中所付出的努力。当孩子被外人夸赞有教养的时候，一定是父母最骄傲和自豪的时候。

什么是教养？教养是一个人综合能力的表现。有教养的人对自己、对他人的态度和行为都恰到好处，能够为融洽的人际关系做出积极的推动作用，在很多方面都有突出的表现。例如，他们为人和善，能够真正尊重和发自内心地平等对待他人；他们可以设身处地为他人着想，在做事情的时候也总是能够把握好分寸；他们彬彬有礼，很注重做事情的细节，常常把细节做得更加完美；他们的心胸非常开阔，为人真诚友善，坦荡光明。总而言之，有教养的人在生活中的各个方面都表现得恰到好处。

在西方国家，人们形容有教养的女孩为淑女，形容有教养的男孩为绅士。要想把女孩变成淑女，把男孩变成绅士，并非一件简单容易的事情，因为教养并不是与生俱来的，而是在后天的成长中逐渐形成的。父母在培养女孩成长的过程中，一定要通过教育和引导提升女孩的整体素质。

在教养方面，言行举止得体是非常重要的，除了要把话说得恰到好处之外，保持正确的姿态对于孩子而言也至关重要。教养是一种内在的素质，那么，教养又是如何体现出来的呢？在人际交往的过程中，语言沟通的作用不容忽视，但是语言的表达未必能够完全代表人的教养。实际上，人们在交往过程中的行为举止也会不经意地表现出教养，对于女孩而言，在行为举止方面要做到以下几点，她才能成为一个真正有教养的女孩。

首先，女孩要保持端正的坐姿、站姿。在传统的观念中，一个人必须站有站相、坐有坐相，才能够彰显自身的教养。试想，面对一个站立端正的人和面对一个站得歪歪扭扭的人，我们对他们的感觉如何呢？很多人都喜欢军人，就是因为军人有端正的军姿，当过兵的人哪怕已经离开了部队，在站立和坐着的时候也会表现出和普通人不同的姿态。因此，女孩应该站有站相、坐有坐相。有些父母会送女孩去学习舞蹈，其实他们并不是一定要求女孩在舞蹈方面有杰出的成就，而是希望女孩可以通过练习舞蹈来修炼身心、挺拔身姿。

其次，除了基本的坐姿站姿之外，在吃饭的时候，人最容易表现出本相。女孩在吃饭的时候一定要有吃相，不要因为饥饿而狼吞虎咽，不要因为嘴馋而大快朵颐，而应该保持淑女的样子细嚼慢咽，切不可在美食面前失去分寸。这样才是真正的淑女，才是有教养的表现。当然，教养不但体现在以上这些方面，还体现在生活中的各个小细节之中。

前些天，一个三四岁的小女孩在公交车上的表现被拍成视频在网络上疯狂地流传，这个小女孩以实际行动告诉了我们什么叫真正的教养。小女孩上公交车的时候正在吃一支冰淇淋，上了公交车之后，她的冰淇淋还剩很多。因此，她就站在妈妈旁边继续吃冰淇淋。妈妈告诉她："你要小心一点，不要滴到地板上，不要把地板弄脏。"小女孩就主动地跑到垃圾桶面前，而且把冰淇淋完全置于垃圾桶的桶口上方，这样一来，她就不用担心会把冰淇淋滴到地板上了。这样的举动显示出小女孩的教养，它明显地告诉我们，小女孩的家教非常好，小女孩自身的素质也很高。由此可见，所谓的教养，体现在生活中的每一个细节处，能够彰显一个人的素质。

◇ **爸妈有话说：**

如果你有高贵优雅的行为举止，那么你就会给别人留下良好的印象，也会得到他人的认可和赞赏。但是请记住，你不应该每时每刻都为了显得有教养而克制自己的本能行为，而是应该把教养作为自身的习惯，顺其自然地做出来，这样的你才是真正有教养的女孩。

女孩，你最重要的是善待和珍爱自己

现代社会，每个人的生存压力都非常大，各种形式的竞争也越来越激烈，成年人不但要照顾家庭，还要全力以赴地投入工作之中。而在家庭中，父母除了要为孩子着想之外，还要给予孩子更好的照顾，教会孩子如何理性地面对人生。

压力不仅局限在成人的世界里，对于年幼的孩子而言，他们也承担着很多的压力，面临着很多挑战。例如，他们必须面对紧张的升学考试，要坚持进行枯燥的学习，奋战在题海之中。哪怕夜已经深了，也依然要挑灯夜战地坚持做完当天的作业。长此以往，孩子的童年时间不断地被压缩，他们似乎从幼儿园开始就进入了冲刺的阶段。要想避免这种情况，作为父母，我们不要总是陷入教育焦虑的状态，也不要给孩子过大的压力。要知道，孩子的成长是一个漫长的过程，有其自身的规律和节奏，父母要尊重孩子成长的节奏，也要给予孩子更多的时间自由地释放天性。

青春期之后，女孩的心思明显比男孩的心思更加丰富细腻。当同龄男孩在玩耍的时候，女孩已经有了小目标。这是好事，因为目标可以让女孩明确人生的方向，也可以助力女孩不断地成长。女孩一定要在成长的过程中激发出自身的潜能，这样才能够战胜看似不可解决的困难，从而突破和成就自我。

一切的努力和进步都以生命为基础，当女孩过度承担压力的时候，她们难免会感到心力交瘁，所以父母要教会女孩爱自己、善待自己。因为，一个人只有真正地接纳自己、对自己好，才能够热爱这个世界。要知道，生命是人生之中最宝贵的东西，只有生命存在，人生才能不断地延续下去，梦想才有机会得以实现。因此，女孩一定要重视生命、珍惜生命，这样才能够在遭遇坎坷和挫折的时候始终以积极的态度拥抱人生。

那么，怎样才是善待自己呢？难道要彻底地抛弃学习，遵从本性，让自己快乐地度过每一天吗？其实不然。对于女孩而言，学习是充实生命的一种方

第 02 章
有修养懂礼貌：妈妈为你的好教养而骄傲

式，逃避从来不能获得真正的快乐。对于女孩而言，要想做到善待自己，应该做到以下几点。

首先，女孩要爱惜自己的身体，正如奥斯特洛夫斯基所说："生命对每个人都只有一次机会，每个人最应该珍惜的就是生命。"女孩要爱惜自己的身体，毕竟身体健康是不可重建的，有些身体上的损害对女孩的一生都会起到负面的影响。其次，女孩应该珍惜家庭。现代社会，很多女孩都陷入攀比之中，当父母无法给她们提供更优渥的生活条件和强大的经济支持时，她们总是抱怨父母不够努力，却不知道父母为了养育她们已经付出了最大的努力。因此，女孩要对父母和家庭怀有感恩之心，这样女孩才会有家庭观念，才会在父母的呵护和宠爱下更快乐地成长。在成长过程中，每个人都会遇到各种各样的困难。当女孩感到困惑的时候，可以向父母寻求帮助，毕竟父母的心智更加成熟，人生经验也更丰富，可以给予女孩一定的指导。再次，女孩一定要学会善待他人。现代社会没有人能够单打独斗，成为个人主义式的英雄，每个人都需要借助集体的力量，才能实现自己的梦想，才能够绽放人生。女孩一定要学会与他人团结合作，把自己的力量融入更强大的力量之中。最后，生命是短暂的，但是这并不意味着我们要争分夺秒地把生命用于学习和工作，毕竟人生之中除了学习和工作之外还有很多有趣的事情。女孩要学会放下，放下内心的焦虑，放下手里看似不可能完成的学业和做不完的习题，从而让自己有适当的时间去自由地呼吸，去完全地放松身心。记住，人生的挫折并不是不可战胜的，任何时候，只要始终怀着坚定不移的信念，只要足够相信自己，我们就可以拥有强大的力量，成为真正的人生强者。

◇ 爸妈有话说：

善待自己，要按时作息，每天保证充足的睡眠，在心情不高兴的时候做一些喜欢的事情，诸如画画，听音乐，和同学去看一场电影等，这些事情都是有

好妈妈要及早
告诉女儿的事

助于放松心灵的。记住,爸爸妈妈都希望你未来能够更加幸福,因而你也要善待和珍惜自己。

尊重长辈的女孩被人爱

每种文化都有它的优势和劣势,尽管传统文化在很多思想观念方面处于封建保守的状态,但是,传统文化主张的敬老爱幼,却是应该作为中华民族的传统美德继续流传的。很多孩子从小就受到长辈的关心呵护,总是肆意享受长辈的照顾,却丝毫没有意识到自己对长辈应该保持尊重的态度。在长大成人之后,这样的孩子难免会因为对长辈失敬而招致他人的反感,女孩应该懂得尊重长辈,这样才能够给他人留下良好的印象。

在中华民族的传统文化中,长辈这两个字具有丰富的含义。所谓长辈,本身就意味着他们在辈分上很高,理应受到晚辈的尊重和敬爱。但是,我们也不必盲目地对长辈表示服从。作为晚辈,我们可以表达出和长辈不同的意见,不过要以恭敬的态度表达,而不是对长辈颐指气使,更不能对长辈的话完全不放在心上。

细心的人会发现,在现实生活中,一个人如果不懂得尊老爱幼,尤其是不懂得尊敬长辈,那么在做人做事方面也难以获得他人的尊重。从源头上来讲,他们从来不重视长辈,因而在言行举止上也就不会表现出对长辈的敬畏,这也就是人们日常生活中所说的缺少教养。不得不说,缺少教养这四个字是对一个人非常严重的否定,说明这个人给他人留下了恶劣的印象。

无论世事如何发展和变迁,对长辈的尊敬都不应该改变。每个人都有人生的来处,如果没有长辈,没有祖辈和父母,我们如何能够来到这个世界上呢?所以,当对生活感到不满意的时候,不要把抱怨发泄到长辈身上,而应该对长辈始终怀有感恩之心，我们只有牢记自己的来处，才能够找到人生的去路。

近年来，很多大城市都开始推崇传统文化，因为人们发现有很多年轻人都缺乏传统文化的滋养，以致心灵变得干涸，偏离了正确的轨道。尤其是在独生子女的家庭里，因为只有一个孩子，父母就把全部的爱都投放到孩子身上，毫无限度地满足孩子的欲望。有些父母本身也是独生子女，这导致爷爷奶奶、姥姥姥爷在看到家里独苗时，往往忘记了自己长辈的身份，总是不计回报地为孙辈服务，却没有意识到，在这样的过程中，孙辈在无形中就养成了"唯我独尊"的思想。有些孩子甚至被宠溺得以为自己是整个宇宙的中心，这都是过度迁就和溺爱导致的。在这样的环境中长大的孩子往往以自我为中心，自负自大，他们从来不把别人放在眼里，更不会对长辈怀有敬畏之心。实际上，在中国古代，哪怕是高高在上的皇帝，在面对父亲母亲时也毕恭毕敬。

不尊重长辈的女孩是很难给他人留下良好印象的，也许，她们无意之间表现出对长辈不尊敬的行为，也会给她们的成长和发展带来很大的阻碍。女孩不但要端正思想，还要把对长辈的尊重表现在言行举止之中，这样才算真正地做到对长辈尊重，从而成为传统文化的优秀传承者。

◇ **爸妈有话说**：

女孩一定要对长辈有礼貌，这是自身素质和涵养的表现。人生不只有去路，更有来处，我们每个人都应该尊重长辈。

第03章
自律的生活习惯：积极向上总是会让你收到回报

　　人之所以能够区别于自然界中的其他动物，除了因为人具有超常的智力之外，还因为人具有很强的自律性。人是感性的，也是理性的。用理性来控制自己，让自己变成想要成为的样子，就会成为世间最强者。

　　好习惯在孩子成长过程中能起到非常重要的作用，只要孩子养成好习惯，他们就能够顺其自然做自己该做的事。反之，如果孩子的习惯不好，他们往往弄巧成拙，还总是会在成长的过程中陷入各种困境。好习惯成就孩子的好人生，父母一定要全力以赴，帮助孩子养成好习惯。尤其是女孩，更应该有的放矢地约束自己，让自己的言行举止更符合行为规范，这样才能更加健康快乐地成长。

 好妈妈要及早告诉女儿的事

女孩爱美，也一定要爱干净

每个女孩都应该讲究卫生，只有搞好个人的卫生，让自己保持干净清爽，才能在与人接触的时候给人留下良好的印象。毫无疑问，没有人愿意与一个脏兮兮的女孩相处，所以女孩要以讲究卫生来提升自己的形象。女孩的美丽有很多种，但是不管是哪种魅力，都是建立在干净整洁的基础之上。

很多女孩喜欢化妆，穿漂亮的衣服，而个人卫生却一塌糊涂，实际上这对于女孩来说完全是本末倒置。因为干净卫生是基本要求，在此基础上，再考虑穿时尚靓丽的衣服。反之，如果女孩连干净卫生都做不到，那么，即使把自己打扮得再漂亮，也难以给他人留下好印象。

当个人卫生情况很差的时候，女孩不但外观形象欠佳，其身体也会因为卫生状况而散发出难闻的体味。这样一来，女孩就会遭到他人的嫌弃，自然无法发展和维护良好的人际关系。由此可见，搞好个人卫生不但和女孩的形象密切相关，还与女孩发展人际关系有很重要的联系。

若一个人平日里严于律己，那么，当他想要提升对自己的要求的时候，就会变得相对简单。女孩要想打造完美的形象，就一定要具有自我约束力，能够进行理性的自我管理，这样才能够有效约束和管理自己，最终让习惯成自然，从而展现出良好的形象。

没有人会因为女孩的长相不漂亮而对女孩有特别的看法，这是因为身体发肤受之父母，长相是天生的。但是，女孩是否干净，则是自己可以做主的。只有干净整洁的女孩，才能给他人留下好印象。反之，如果女孩总是邋里邋遢，就会让人不愿意与之亲近。

第03章
自律的生活习惯：积极向上总是会让你收到回报

从心理学的角度来说，保持个人的干净卫生是积极心态的外在表现。通常情况下，喜欢把自己的生活打理得干净整洁的女孩，往往拥有积极主动的心态。即使没有上课铃作为催促，她们也会在清晨的时候早早起床，洗漱干净，并穿着得体，干净清爽。早早起床，女孩才可以在上课之前做好充分的准备，准备好上课的必需用品，并通过洗漱让自己焕然一新，从而带着崭新的精神面貌去面对老师和同学。

如果一个人连自己的卫生都不能保持好，那么他做什么事情会积极主动呢？女孩一定要重视自己的形象，才能给他人留下好印象，并建立良好的人际关系。并且，卫生状况还关系到女孩的身体健康。可想而之，如果搞不好个人卫生，女孩的身体就会出现各种各样的问题，健康也会受到损害。很多女孩都在努力地追求美，努力把自己变成美的化身，但真正的美一定要以干净整洁为基础。其实，只要女孩每天都坚持清洁自己，就会渐渐地养成良好的习惯。养成讲卫生的好习惯后，很多女孩如果没有完成洗漱，甚至无法入睡。除此之外，还要注意勤换洗衣服，因为身体每天都在进行新陈代谢，所以要及时换洗衣物，让衣物在清洁之后充分地被阳光照晒，让衣物留有新鲜的阳光味道。

◇ **爸妈有话说：**

作为女孩，你一定要爱惜自己的身体，要注意个人卫生。唯有如此，你身上才会散发出清香，别人才会愿意接受你。记住，一个女孩如果连个人卫生都不能搞好，那么她就无法成为美丽的女孩。最美的女孩是爱干净的女孩，也是一个勤于洗漱使自己变得清爽的女孩。

好妈妈要及早告诉女儿的事

保证充足的睡眠时间

要想身体健康，除了摄入充足的营养素之外，还要得到充分的休息。睡眠对人的影响是非常大的，如果没有充足的睡眠，学习生活中就会感到头昏脑涨，精神不振。只有在得到充分休息的情况下，人才能保持神清气爽。通常情况下，青少年每天至少要保证八个小时的睡眠，这样才能在次日的学习中有充沛的精力。然而，现代社会中，很多父母给孩子太大的压力，严重地透支了孩子的时间和精力。他们总是把孩子的日程安排得满满当当，导致孩子几乎每天都得不到充足的休息，休闲的时光也被极度压缩，并且学习的强度很大，学习的任务非常繁重，所以孩子在短时间的睡眠之后总是感到非常疲惫。不得不说，父母要想让孩子在学习上出类拔萃，将来能够成才的话，先不要本末倒置地给孩子报太多的课外班，而应该首先保证孩子充足的睡眠，这样孩子才能有充沛的精力面对生活和学习。

除了父母给予的压力外，女孩在成长的过程中也会被其他事物耗费精力。例如，现代社会手机已经普及，网络成为大多数家庭的标配，所以女孩儿常常会情不自禁地沉迷于网络的世界，或者在网上浏览新闻，或者在网上与朋友交流。总而言之，在不知不觉之间，她们就把时间白白浪费掉了。其实，与其花费时间刷朋友圈，或与陌生的网友交谈，还不如把这些时间用来充分休息。这样，女孩在学习的时候才会有更好的状态。

近年来，时常发生青少年沉迷于网吧中玩网络游戏，几天几夜都不睡觉导致突然猝死的事件。不得不说，这样的新闻总是使人感到心情沉痛，但是，在沉痛的同时，我们也不由得想到这些青少年的父母监管不力的问题。吃喝拉撒睡在人的一生之中是基本的生理需求。在现代社会的紧张压力之下，每个人更要保证充足的睡眠。曾经有科学家经过研究证实，人如果连续几天不睡觉，死亡的概率就会大大增加，甚至直接猝死。由此可见，睡眠对于人是至关重要

第 03 章
自律的生活习惯：积极向上总是会让你收到回报

的。大多数人在一生的时间里，至少有三分之一的时间是在睡眠中度过的，这也意味着睡眠是我们生活的重中之重，是必须要安排好的。只有拥有充足的睡眠，孩子才能健康地成长，也只有拥有高质量的睡眠，孩子才有充沛的精力面对生活和学习。

睡眠不足不但会导致孩子的智力发育受到影响，还会使孩子的身体出现不好的变化。例如，如果睡眠不足，孩子的呼吸系统会受到损伤，消化系统功能也会大大减弱。尤其是对于女孩而言，在青春期，身心均会快速成长、发展变化，缺乏睡眠会使她们的内分泌系统和生殖系统的功能发生紊乱。因此青春期女孩一定要更加重视睡眠。睡眠充足除了有利于身体健康外，还有利于女孩保持良好的情绪去面对生活中的各种事情，所以女孩千万不要当夜猫子。除此之外睡眠不足还对女孩的皮肤不利。长期睡眠不足，还会导致女孩神经衰弱，身体各方面的功能变得紊乱。

很多女孩自以为年轻，精力充沛，宁愿节省一些睡眠的时间用来玩耍。殊不知，睡眠不足不但和精神有关系，还与健康状态关系密切。在睡眠的时候，人体在进行深度的调整，并借此消除疲惫，恢复精力。如果缺乏睡眠，身体就会出现异常，如长期出汗、精神变得暴躁不安等。缺乏睡眠还会使人出现幻觉，导致人的精神状态非常糟糕。有些女孩误以为在夜生活之中可以完全摒弃睡眠，等到有时间的时候再多睡一睡，把睡眠补回来就好了。其实，偶尔多睡一些时间，并不能弥补睡眠的缺失，反而会扰乱女孩的生物钟。所以，只有保持规律的作息，让自己始终维持充足的睡眠，女孩才能健康快乐地成长。

缺觉会让人感到很难受，但是，当睡得太多的时候，同样对人体不利。首先，早上赖床不愿意起，直到太阳照屁股才起床，非但没有弥补之前睡眠的缺失，反而会导致人体的生物钟紊乱，使得晚上入睡变得很困难，进入失眠状态。其次，睡懒觉还会影响神经系统正常的运转和工作。很多人在睡了懒觉之后，起床时会感觉昏昏沉沉，完全没有精神，更没有精力做事情。由于睡懒

觉，有的女孩还会养成不吃早餐的坏习惯，每天等到中午才开始吃饭。若胃部长期处于空空的状态，会发生饥饿性胃痛，导致患上严重的胃病。最后，过度睡眠还会使身体缺乏运动，变得肥胖。总而言之，只有良好的有规律的作息，才对女孩的身体健康有益，所以女孩应该增强自制力，让自己按时睡觉，按时起床，养成早睡早起的好习惯；在清晨最清醒的时候及时起床，恢复良好的精力，进行适度运动，这才是有益身体的。

◇ **爸妈有话说：**

孩子，你现在很喜欢熬夜，但是你早晚有一天会受到这个坏习惯的困扰，也会承受这个坏习惯带来的痛苦。每个人都需要充足的睡眠，这不分年轻人还是中年人、老年人。越是年轻人，越是应该保证充足的睡眠，这样才能让身体健康成长，所以不要以任何借口剥夺自己享受充足睡眠的权利。要记住，拥有良好的睡眠，是你这一生最大的福气。

积极勤勉，女孩要做好自己的分内事

现代社会，大多数孩子都是家里的独生子女，他们得到了父母全心全意的爱和无微不至的照顾，又因为他们的父母也有可能是独生子女，所以他们还额外得到了爷爷奶奶、姥姥姥爷全心全意的爱。在这种情况下，他们很容易形成以自我为中心的思想，误以为自己是整个世界的中心，恨不得让每个人都围绕着他们转。渐渐地，他们习惯了衣来伸手、饭来张口的生活，很少主动去分担家务事，总是等着父母为他们处理好一切，为他们安排好一切。这样的女孩没有基本的自理能力，有朝一日，等到她们必须离开父母去独立生活，她们就会因为缺乏自理能力而感到苦恼。

前些年曾经发生过大学生因为不会铺床而不得不坐在硬铺板上度过一夜的事情，还有的大学生因为从没有见过带壳的鸡蛋，只能看着鸡蛋却吃不到嘴里。在反思这些大学生动手能力低下的同时，社会也应该反思他们的父母在教育孩子方面存在的严重问题。父母在孩子小时候总是无微不至地照顾孩子无可厚非，但当孩子能力渐渐增长后，父母还是代替孩子做好一切事情，那么就相当于剥夺了孩子成长的机会和权利。明智的父母不会全盘代替孩子去做所有的事情，而是会随着孩子能力的增长给孩子安排与之能力相符的任务，让孩子独立去完成。只有循序渐进地进行引导，才能让孩子独立生存的能力越来越强。父母要记住，哪怕再爱孩子，你也不可能永远陪在孩子身边，庇护孩子一辈子。父母只有在恰当的时间里发展孩子独立生存的能力，孩子在未来才可能更从容地面对生活。

对于女孩，很多父母总是过度关注和照顾，他们认为女孩是非常娇弱的。实际上，每个人既然来到这个世界上，就有能力独自面对生活，能够承担起生活的责任。即使是女孩，也要勇敢地在生活中乘风破浪。因此，父母就一定要更加理性地培养女孩，要及时对女孩放手。

很多父母总是觉得孩子还小，什么事情都做不好，生怕孩子给自己添了麻烦，还需要自己给孩子收拾残局，所以不愿意让孩子亲自去做一些力所能及的小事情。殊不知，没有人生而就具有各方面的能力，每个人的能力都是在不断成长的过程中才得以增强的。作为父母，我们一定要尊重孩子的能力发展规律，也要给予孩子增强能力的机会。也许孩子在第一次做某件事情的时候会做得很糟糕，无法让父母满意，但是父母要知道这是孩子成长必然的过程，哪怕跟在孩子后面收拾残局，父母也要让孩子亲手去做那些事情。只有经过不断的锻炼，孩子的能力才会越来越强，孩子才会渐渐地具备独立生存的能力。

以前，有一对父母非常溺爱孩子，他们从来不让孩子做任何事情，甚至，在孩子长到很大的时候，他们依旧喂孩子吃饭。有一次，父母要去远方走亲戚，要离开家十几天的时间，因为担心孩子不能自理，他们就提前做好一张巨大的饼，在中间掏了一个洞挂在孩子的脖子上。这种情况下父母认为孩子不用动也能够把饼吃到嘴里，他们还在孩子的床边准备了很多水，这样，孩子吃完饼之后，如果觉得口渴，就可以喝水解渴。然而，等到父母火急火燎从外地赶回家的时候，发现孩子早已饿死在床上。原来，孩子只吃了嘴边上的饼，却懒得把饼转动一下，于是居然在脖子上挂着一张大饼的情况下被活活饿死了。

这虽然是一个虚拟的故事，却为普天之下的父母敲响了警钟：不要总是为孩子代劳一切事情，否则孩子就会变成一个没有任何能力的废物。每个父母都希望孩子将来能够拥有幸福的生活，既然如此，父母就不要总是代替孩子做所有事情，不要把孩子变成无能者。父母一定要学会引导和教育孩子独立生活，这样孩子才能健康快乐地成长。

在孩子小的时候，父母不妨更加"懒惰"一些，若父母太勤快，为孩子做好一切的事情，孩子就不愿意亲自动手去做事情。而若父母表现出"懒惰"，孩子就不得不自己去做很多事情。在战胜困难的过程中，他们的意志力也会得到强化，能力也会得以增强。

◇ **爸妈有话说：**

作为女孩，你不能弱不禁风，你要知道，随着不断地成长，你总要面对生命中很多的事情，也会遭遇生命中的坎坷和磨难。等到父母老去，谁还能在你身边保护你呢？所以，在这个世界上，你真正能够依靠的只有你自己。现在你还小，可以先做一些力所能及的事情，只有不断锻炼和发展能力，你才会越来越独立。记住，也许有一天，你也会像妈妈照顾你一样照顾你的孩子，当一个全能的妈妈，才能够给你的孩子健康的成长和幸福的未来。

女孩多读书，远离电子产品

随着经济的发展、社会生活水平的提高，电子产品走入了千家万户。如今，几乎每个家庭里都有电视、电脑，并且已经连上了网络。还有很多家庭会给孩子配备手机以方便联系。不得不说，孩子的生活在电子产品的普及中呈现出沦陷的状态。这并不完全怪孩子，因为很多父母自身都变成了"低头族"。那么可想而知，当父母总是低头看着手机而忽略孩子的时候，孩子能与谁交流呢？在这种情况下，他们必然更多地依赖于电子产品，不知不觉地沉浸在电子产品之中无法自拔。

时间是非常珍贵的，对于每个人而言，时间都不曾多一分或者少一秒，所以时间是这个世界上最公平的东西，因为它对每个人都一视同仁。时间也是非常残酷的，不管人们怎样对待它，它总是嘀嘀嗒嗒地悄然溜走。与其等到生命的终结时刻才后悔这一生的虚度，不如在年轻的时候就抓住时间，争分夺秒地利用时间，提高效率，才能够拓宽生命的宽度，让生命变得更加充实而有意义。

鲁迅先生曾经说过，浪费别人的时间等于谋财害命。这是因为时间是组成生命的重要元素之一。时间就是生命，是每个人最宝贵的财富。很多人总觉得时间不够用，实际上时间就像海绵里的水，挤挤总还是有的。有些人对于那些点点滴滴的时间丝毫不放在心上，觉得这些琐碎时间不值得去珍惜。实际上，在漫长的人生中，如果能把这些琐碎的时间都集中起来加以利用，所产生的效果必然是惊人的。

心理学上有一个一万小时定律，是说如果你想要成为某个领域的专家，你就需要于少一万个小时的努力。现代社会，女孩应该减少看电视看电脑的时间，也不要总是惦记着玩手机，而要养成阅读的好习惯。与其把时间用来玩那些毫无意义的电子产品，还不如用来充实自己的心灵。通过阅读，能够与更多的伟人哲人进行心灵的沟通与交流，女孩的思想会变得更加深刻，视野会变得更开阔。古人云，读万卷书，行万里路。虽然每个女孩儿未必都有机会行万里路，但是，只要主动阅读，完全可以把书作为自己最好的朋友，通过书本来博古通今。只要坚持阅读，女孩就会形成独特的读书人气质，内心也会更加充实。

毋庸置疑，对于女孩而言，电子产品具有更大的诱惑力，因为电子产品上有鲜艳的图片、有变化的动画、还有动听的音乐以及很多可以让女孩如同身临其境的场景。和这些电子产品相比，书籍的吸引力小很多。在电子产品的刺激下，女孩会沉迷其中无法自拔，但是，当女孩约束自己远离电子产品的时候，就会发现电子产品并非是生活中不可或缺的。

生命是短暂的，每个人只有一次机会，我们一定要让生命充满意义。有一位伟大的教育专家说过，对于学生而言，只有热爱阅读，他们的智力才能得到更好地发展。也有心理学家经过研究发现，当孩子沉迷于电视情节的时候，会完全忘记身边的人和事情，并且他的脑电波处于接近直线的水平，这意味着电视情节虽然容易使人沉迷其中，却不会对孩子的智力开发起到积极的作用。此外，如今的电视节目良莠不齐，尤其在网络上更是有很多关于黄赌毒的负面信息。一旦监察不力，女孩受到这些负面信息的影响，就会误入歧途。作为父母，我们要为女孩营造良好的生活环境，营造充满书香气息的家庭氛围。与其全家人都坐在面电视面前全神贯注，不如每人捧着一本书，在书籍的海洋里徜徉。

在世界各国，有很多流传已久的经典，这些经典在经过几十年甚至几百年的时间沉淀之后，依然有让人手不释卷的魅力。女孩可以循序渐进地阅读这些经典，根据自己的知识水平选择符合需求的书籍去阅读，只要坚持下去，就一定会有所收获。

◇ 爸妈有话说：

孩子，书籍是人类精神的食粮，也是人类最好的朋友。书籍可以让你足不出户就日行万里，也可以让你坐在家里就能领略世界各地的风土人情。尤其是那些大家名作，更是可以让你在阅读的过程中与他们进行心灵的交流。当你领略到阅读的魅力后，你一定会真正地爱上阅读。当你习惯与书相伴时，你的人生一定会变得与众不同。

营养均衡，要吃得健康

社会的发展和经济的进步，使得每个人的生活条件都有了很大的改善。几十年前的生活比较艰苦，很多人都只能简单朴素地饮食，在现代社会物质极大丰富的情况下，遍地的垃圾食品让女孩们在饮食方面受到了莫大的诱惑。不得不说，垃圾食品很符合女孩对于食物口味的追求，如烧烤、路边小吃摊上的臭豆腐等。食物都是入口的东西，对于女孩的身体健康会造成很大的影响，而女孩正处在身体发育的关键时期，必须摄入有益健康、营养均衡的食物才能茁壮成长。因此女孩不要总是贪图口味的一时之快而钟爱垃圾食品，否则身体就会在不知不觉中受到损害。

在各种垃圾食品之中，油炸食品占据首位。油炸食品吃起来非常香，所以被人们所喜爱。然而，油炸食品的油脂含量很高，又因为炸食品用的油总是被反复利用，所以油炸食品的含铅量也非常高，且会有各种污染和杂质。当铅的摄入量过高的时候，孩子的记忆力会受到影响，他们在学习过程中也会出现记忆衰退的情况。在诸多油炸食品中，油条也是传统早餐的代表，受到很多人的钟爱。殊不知，油条中含有明矾，它会使孩子的心情变得莫名其妙地烦躁，并且损害孩子的心脑血管系统。除了传统的油条、油饼、麻团之外，诸如薯条、薯片等食物也属于油炸食品。此外，科学研究还证明，长期食用油炸食品会导致个体更容易患上癌症。因为油炸的时候油温过高，会导致食物发生变质进而诱发癌症。综上所述，油炸食品的害处很多，除了能够让人大快朵颐、满足一时的口腹之欲之外，几乎没有多少营养。所以，女孩在饮食方面应该以清淡温和为主，不要迷恋油炸食品。当觉得油炸食品色香味俱全的时候，不妨想一想它对身体的伤害，这样就可以有效控制自己的食欲。

垃圾食品中还包括洋快餐，其中搭配有雪碧和可乐这两种畅销全球的饮料。雪碧和可乐都是碳酸饮料，长期饮用这种饮料会使女孩体内的钙含量降低，导致女孩缺钙。曾经有人经过实验证明，这些饮料对牙齿的腐蚀作用非常强。此外，这些碳酸饮料的含糖量很高，经常饮用碳酸饮料会导致女孩因为摄入太多的糖分而迅速发胖。所以，女孩在日常生活中应该以喝白开水为主，白开水才是身体最好的饮料，它可以帮助身体排毒和补充水分。偶尔喝一下碳酸饮料是无可厚非的，在值得庆祝的场合，或者是在难得休闲放松的时光，喝一杯碳酸饮料，可以让女孩感受到新鲜和惬意。但是，在日常生活中，一定要不要用碳酸饮料取代白开水饮用。

除了洋快餐外，很多食物也会对女孩的身体带来负面的影响。例如，有些女孩特别喜欢吃零食，如糖果和各种各样的饼干。的确，在休闲的时候，让自己的嘴巴有所寄托，吃着香喷喷的糖果和饼干是一件非常美妙的事情；但是如果女孩长期食用这些糖果和饼干，就会导致身体出现紊乱的状况，因为这些糖果和饼干之中含香精、色素等化学物质，营养成分并不均衡，热量却远远超过标准，很容易导致女孩的身体出现危机。如果必须在特定的情况下食用糖果和饼干等来为身体补充能量，那么最好吃全麦饼干，因为全麦饼干是低温烘焙的，其营养成分相对健康。当然，不管是什么类型的饼干，都应该控制好量，所谓凡事皆有度，过犹不及，哪怕是全麦饼干，如果吃得太多，也会给女孩的身体造成严重的负担。

在炎热夏日的街头，总是有很多让人食指大动的美食，如羊肉串、铁板烧、油炸串串等。这些食物在制作过程中被撒上大量的调味料，散发出的强烈刺激的味道让女孩产生了强烈的食欲。这些食物的卫生状况堪忧，它们往往是在开放的空间里制作的，所以空气中的灰尘、病菌等很容易沾染到食物上；并且这些食物是经过高温烧烤或油炸制作的，所以这些食物之中含有很多的致癌物，会导致肝脏负担沉重。女孩哪怕喜欢吃这些食物，也要控制好自己，要以身体健康为重，而不是只贪图满足口腹之欲。

总而言之，女孩的成长需要摄入全面均衡的营养物质，如蛋白质、脂肪、维生素、碳水化合物、无机盐、微量元素、膳食纤维等。女孩应该注重饮食健康，在进食的时候尽量摄入更多的营养素，不要总是挑食，不要让自己的身体中缺乏某些营养元素。尤其需要注意的是，女孩在日常生活中，一定要多多饮用白开水，同时食用一些水果和蔬菜，这样才能保持身体健康运行。想吃肉的时候，应该以那些新鲜健康的肉类为主，最好以蒸煮的方式制作。

另外，女孩正处于学习和成长的关键时期。在摄入营养的时候，要多多食用如核桃、花生、腰果等坚果类食物，还应该多吃蔬菜，诸如韭菜、胡萝卜、南瓜等富含营养元素的食物。胡萝卜中的胡萝卜素对女孩的眼部发育有很大的好处，能够有效保护女孩的视力。总而言之，女孩一定要摄入健康新鲜的食物，对自己的身体负责任。

◇ **爸妈有话说：**

人生是漫长的，你有很多机会去品尝各种各样的美食，当然，前提是你必须从现在开始就努力摄入那些健康新鲜的食材，这样才能够给身体最好的保障，才能够为身体提供足够的营养元素。身体是革命的本钱，只有拥有健康的身体，你未来才能在更大的世界里走走看看，品尝美食。

第04章
长大了别害怕：妈妈是你坚强的后盾

随着时间的流逝，女孩从幼儿到儿童，再到进入青春期，一直在不断地成长。进入青春期之后，女孩的身心都将发生巨大的变化。面对身体的诸多变化，如果不能提前了解自己即将面对的变化，女孩难免会感到非常恐惧，这对于女孩而言是很糟糕的成长体验。所以，父母要对女孩的成长起到引导作用，尤其是妈妈，更要给女孩讲授青春期的生理卫生知识，让女孩胸有成竹地迎接成长中的变化。

乳房有肿块，是不是生病了

随着乳房的不断发育，萌萌有一天洗澡的时候，突然摸到乳房里有一个硬块。这个硬块使乳房非常胀痛，让萌萌无法自如地活动。有的时候，萌萌侧着身体睡觉触碰到这个硬块，也会感到很胀痛。

前段时间，萌萌的姑姑查出来患了乳腺癌，因此萌萌也感到很害怕，她暗暗想道：我是不是也患了乳腺癌呢？不然，我的乳房为何这么疼呢？妈妈说我的乳房在发育，但是正常发育的乳房应该不会这么疼吧？萌萌不敢把自己的担忧直接告诉妈妈，而是告诉了闺蜜小雪。小雪在听完萌萌讲述的这些情况之后马上对萌萌说："难道我也得乳腺癌了吗？因为我的症状跟你一模一样。"小雪还让萌萌触摸她乳房里的肿块，萌萌确定小雪的情况果真和她完全相同。考虑到问题的严重性，萌萌决定回家向妈妈寻求帮助。听完萌萌的讲诉之后，妈妈有些哭笑不得："萌萌，在青春发育期，乳房里有肿块是正常的，感到胀痛也是正常的，不要这么紧张，也不要这么焦虑。你要放松心情，乳房才会发育得更好。"妈妈的安慰让萌萌恢复了平静，她赶紧打电话将妈妈的解释告诉小雪，让小雪放下心来。不过，为了保险起见，妈妈还是带着萌萌去医院做了乳腺检查。在超声检查之后，结果显示萌萌的乳房只是因为处于发育初期，所以才会出现肿块。看到检查结果，萌萌彻底放下心来。

很多刚进入青春期的女孩，在乳房开始发育的时候，都会觉得胀痛，也会在乳房里摸到肿块。这是因为在体内分泌大量雌激素的情况下，乳腺开始快速成长和发育。乳房里除了乳腺之外，还有很多脂肪。每个女孩的身体差异不同，所以发育时间的早晚不同，症状表现也不一样。在乳房发育的初期，也就是乳蕾期，发育引起的各种症状比较明显。为了让乳房能够健康成长，女孩应该保持愉悦的心情，不要感到忧虑，此外还要保证充足的睡眠。只有这样，女孩才能够让身体快速成长。

对于已经有月经初潮的女孩来说，在月经来潮之前一个星期的时间，乳房也会有胀痛的情况发生。越是在剧烈运动的情况下，胀痛越是严重。雌性激素和脑垂体激素的分泌，都很容易导致乳腺增生等情况。随着月经来潮，女孩体内会有大量的水分驻留，导致身体轻微水肿，自然会感到不舒适。等到月经周期过后，紧张的乳房就会松弛下来，疼痛感也会减轻，所以女孩无须因为这种周期性的疼痛而感到担忧，因为这是完全正常的生理现象。

◇ 爸妈有话说：

乳房是女性的第二性征之一，也是女性哺乳孩子的工具。乳房里分泌出来的乳汁是孩子最好的粮食，所以对于女性而言，乳房不但关系到体形的美丽，也关系到哺乳后代。你正处于青春期，乳房开始生长发育，一定要爱惜乳房，照顾好乳房，这样才能健康美丽地成长。

头发变白了，是老了吗

进入初三阶段，学习节奏更紧张，学习压力更大，不知道是因为学习紧张，还是受遗传因素的影响，小雪居然长出了白头发。看着镜子里映入眼帘的白发，小雪很忧愁，她生怕同学们发现她的白发，并因此给她起外号。

周末，小雪和妈妈一起去菜市场买菜。在一个菜摊上，摊主的小孩居然称小雪为阿姨，这让才十五岁的小雪感到难以接受。回到家里，小雪看着镜子里的自己，特别沮丧。妈妈看到小雪的样子，问小雪是不是不舒服，小雪伤心地对妈妈说："妈妈，我是不是看起来和你年纪差不多呀，我都有白头发了，害得我看起来像老了二十岁！"看着小雪沮丧的样子，妈妈说："小雪，你这是少白头，不是真正的白头。也许是精神压力大导致的，也许是一些致病的因素导致的，只要我们积极治疗，除掉这些引起白头的因素，你的头发很快就会转黑的。"

对于女孩而言，拥有一头漂亮的青丝当然是一种骄傲，也是值得人人羡慕的。但是，随着生活环境的污染越来越严重，承受的学业压力越来越大，很多孩子会在青春期出现少白头的情况，这让他们感到非常苦恼。尤其是在同龄人中，如果因此被其他伙伴起外号，这些孩子的自尊心就会受到伤害。

人体头发的颜色是由基因决定的，受色素颗粒影响。当人体毛发内的色素细胞功能减退的时候，头发就会从青丝、红发或者棕发等变成白发。随着年龄的增长，毛发的色素细胞功能会不断地衰退，等到毛发的色素细胞功能完全消失的时候，头发也就会彻底变白。这就是为什么大多数人在古稀之年会变得满头银发。

从生理的角度来说，人们在三十五岁前后，毛发的色素细胞功能开始衰退，但是因人而异，并不是每个人在三十五岁前后都会长出白发。有的人因为色素细胞的功能不够强大，在二十岁左右就会出现衰退的情况，导致白发出现，也就是人们常说的少白头。现代社会也有一些青春期孩子出现少白头的情况，或许是因为生活环境的污染，或许是因为学业压力增大，也或许是因为营养失调。

色素细胞需要很多营养元素，这些营养元素包括铜、铁、锌、硒等。有些孩子在成长过程中没有摄入足够的营养元素，长期处于营养不良的状态，就会导致出现白头发的时间大大提前。除了这些生理上的因素之外，精神上的因素也是导致青少年长出白发的重要原因。现代社会各行各业的竞争都非常激烈，父母们望子成龙、望女成凤的心情特别迫切，无形中就会给孩子巨大的压力，孩子承担繁重的学业、精神变得高度紧张。在现实生活中，很多孩子都是因为受到精神因素的影响而出现少白头的情况。

除此之外，还有人出现少白头，是因为遗传因素。在一个家庭里，如果爸爸或者妈妈有少白头的情况，那么孩子出现少白头情况的概率就会增大。除了遗传因素之外，不管是生理因素，还是精神因素，孩子们只要进行积极的治疗，保持精神愉悦、情绪状态饱满，就可以恢复满头青丝。

在日常生活中，孩子一定要摄入充足的营养元素，例如，要多吃水果和蔬菜，要吃一些含铁元素比较多的食物，这些健康的食物都有助于孩子黑头发的恢复。除此之外，还可以常常进行头部的保健按摩，增强头部的血液循环，这样一来，白头发的情况自然会大大好转。

不可否认的是，若青少年长出了白头发，他们肯定会招致他人异样的目光。但是长白头发并不是一种疾病，青少年应该保持良好心态，这样才能在成长过程中更健康快乐。

◇ **爸妈有话说：**

爸爸妈妈理解作为女孩的你是很爱美的，小小年纪就长出白发，你一定感到非常苦恼。但是，不要因为少白头而郁郁寡欢，若心情持续陷入低谷，你只会陷入恶性循环之中，说不定少白头的情况非但难以好转，反而会变得越来越严重。命运给予每个人的礼物都是不同的，我们所要做的就是接受命运的安排，坦然地面对命运。越是在处境艰难的时候，越是应该更加积极。

身体流血了，好害怕

青春期注定是一个多事之秋。萌萌和小雪彼此互通有无，总算解决了乳房发育的问题，但是新的问题又接踵而来。有一天，小雪去卫生间的时候，发现自己的下体竟然流血了，与此同时，她的肚子还特别疼。小雪简直吓懵了，赶紧到教室告诉萌萌，萌萌也没有这样的经历，于是第一时间带着小雪去了学校的医务室。

一路上，小雪肚子疼得厉害，满头大汗，脸色惨白。到了医务室，萌萌紧张得语无伦次，好不容易才把小雪的情况告诉医生。医生听了萌萌的讲述，忍不住笑起来说："难道妈妈没有告诉过你女孩在青春期会有什么变化吗？"小雪摇摇头，萌萌也摇摇头。医生对小雪说："你这是正常的生理现象呀，你这是来初潮。""初潮是什么？"小雪不假思索地问医生。医生拿出一张关于青春期女孩生理卫生的宣传彩页给小雪看。小雪迅速地浏览了彩页上的内容，不禁满脸绯红。这时，细心的医生拿出一包卫生巾给小雪说："你既然不知道初潮，肯定也没有准备卫生巾。这包卫生巾你拿去用吧，你知道怎么用吗？"小雪点点头说："我看妈妈用过。"就这样，小雪在紧张不安中，终于等到放学。回到家里，她第一时间就告诉妈妈自己身体的变化。妈妈为此感到很高兴，对小雪说："小雪，从此以后，每个月在特定的时间里，你都会来月经，当然妈妈也会为你准备卫生用品，这样你就不至于手足无措了。"

小雪还是不太明白，懵懂地问妈妈："月经有什么用呢？"妈妈拿出一本关于青春期女孩生理卫生的书给小雪，告诉小雪："月经的到来，意味着女孩开始具备生育的能力。每个月排卵之后就会来月经。具体情况，你可以从书上看一看，有不懂的地方再来问妈妈。"听到妈妈把这个问题说得很严肃，小雪的心也不由得郑重起来：看来我需要认真看待月经的到来这件事！

很多女孩在初潮的时候都会感到非常紧张，尤其是在她们此前从不了解初潮的情况下。感受着腹部剧烈的疼痛，看到身体里流出鲜红的血，她们会感到恐惧。对此，妈妈应该在初潮到来之前就告诉女孩与月经相关的知识，这样女孩才能做好心理准备，不会因为月经的到来而紧张失措。

女孩会在十岁到十八岁之间发生初潮，所谓初潮，就是第一次来月经，也是女孩进入青春期之后生殖系统开始工作的标志之一。需要注意的是，这个阶段，女孩的生殖系统虽然已经开始启动工作，却并没有真正成熟。在初潮到来的一段时间里，女孩的月经周期会很不稳定，有的时候会一个月来两次月经，有的时候也会几个月才来一次，这都是正常的。这是因为女孩的身体需要一段时间来适应，后面才能呈现出稳定的规律。

经期大概要持续三到七天的时间，短则三天，长则七天。如果月经来的时间过长，会导致女孩贫血，因此在经期长、月经量比较大的情况下，妈妈可以适度地为女孩补充一些铁元素。

很多女孩在经期会变得非常情绪化，如果情绪出现波动，也会导致月经周期改变。例如，在考试前夕，很多女孩过度紧张，这会导致月经提前或者推迟。此外，在经期内，女孩还应该注意保暖，避免吃生冷刺激的食物，还要穿更加温暖厚实的衣服，这样才能够让月经更有规律。

现在很多人热衷于减肥，每一个女性，不管是瘦还是胖，不管是否真的需要减肥，都叫嚷着要减肥。尤其是青春期女孩，她们对于美丽的追求更加狂热，明明已经非常苗条，却还是会为了美减肥、节食。需要注意的是，人体需要足够的脂肪，如果因为服用减肥药而导致身体内分泌失衡，或者因为过度节食而导致身体不能摄入足够的脂肪，都会导致女孩的月经周期紊乱。因此女孩一定要记住，身体健康比美丽更重要，女孩一定要以健康为第一准则。

另外，月经到来的时候，女孩要注意观察月经的情况，既要关注经期的长短，也要观察月经量的多少。如果发现月经有异常，或者痛经比较严重，就需要去医院寻求医生的帮助，也可以吃一些活血化瘀的中药，帮助月经恢复规律。

◇ 爸妈有话说：

　　孩子，月经的到来，意味着你的生殖系统开始工作，但是此时生殖系统还没有成熟，所以你一定要爱惜自己，在月经到来的时候注意保暖，避免摄入生冷刺激的食物，也要保持情绪的愉悦和充分的休息。唯有你爱惜自己的身体，身体才会给你最好的回报。

为什么突然成了小胖妞

　　总是把减肥作为口号挂在嘴边的萌萌，在参加学校组织的体检看到自己的体重时，不由得惊讶地张大了嘴巴。在此之前，萌萌的体重一直维持在四十五公斤，但只是一年的时间，萌萌如今的体重居然达到了五十五公斤。萌萌在心里暗暗算计着：我看起来并没有长胖啊，为什么我的体重居然增加了二十斤呢？

　　晚上回到家里，萌萌拒绝吃饭。妈妈问萌萌："萌萌，你怎么不吃饭呢？"萌萌沮丧地说："我一年的时间就长了二十斤，虽然我也不知道我的肉长到哪里去了，但是体重秤是不会骗人的，我必须节食减肥！"听了萌萌的话，妈妈忍不住笑起来，说："你不知道你的肉长到哪里去了，我可是知道的。你没有发现你的乳房变得更加凸起了吗？最重要的是你的身高增长了！骨头和肉都是很有分量的，只不过因为你长高了，所以你看不到自己某个地方有什么明显的变化。"萌萌觉得妈妈说得很有道理，但她还是觉得很郁闷。她说："我可不想让我的体重成为班级女生里的第一名啊，我想要保持苗条的身材。"妈妈说："你的身材现在就很标准呀，你不要只看体重，还要看身高。因为体重系数的计算与身高有关系。你的脂肪、内脏也在迅速地生长，所以，你在短时间内迅速增重，是青春期正常的表现。"萌萌说："青春期可真神奇啊，我在青春期的变化简直太大了！"

对于每个孩子而言，从童年走到成年，都要经过青春期这个过渡阶段。在青春期的短暂时间里，青少年的身心都处于飞速发展的状态，也产生了很多非常明显的变化。青少年的身体发育状况有很多指标，其中体重的增长就是一个重要的指标。体重的增长不仅是脂肪增加，还包括肌肉、骨骼和内脏器官的生长。即青少年的体重的增长是全方面的。通常情况下，青春期之前的孩子，每年的体重增长在五公斤以内。到了青春期，每年的体重增长甚至能达到八公斤左右。因而青春期的孩子需要保证非常充足的营养摄入以支撑身体的快速发展。青春期的女孩不但乳房在发育，骨盆也变得更宽，臀部变得更加丰满，身材变得越来越圆润。尤其是女孩的卵巢也在不断成长、重量增加，生长后的卵巢不但可以产生卵子，也可以分泌足够的雌性激素。在雌性激素的作用下，卵巢有规律地排卵，因而女孩迎来初潮。

有些青春期女孩盲目地追求苗条的身材，却不知道在青春期极端地减肥对身体的伤害是非常大的。女性的身体需要更多的脂肪，体脂含量应该达到百分之二十八左右。相比起男性脂肪含量只占体重的百分之十五，女性的脂肪含量比例明显高了很多。青春期女孩发现自己的身高体重都在快速增长的时候，可以利用计算体重系数的公式来衡量自己的身体是否健康。其实，不管是体重是轻还是重，只要女孩身体保持健康就非常好。通常情况下，女孩一定不要盲目减肥，否则就会让身体处于不健康的状态。

◇ 爸妈有话说：

虽然有的人推崇以瘦为美，但爸爸妈妈并不希望你变得干瘦干瘦的，我们都希望你能够茁壮成长，长得很匀称，不但拥有高挑的身材，也拥有适当的体重，保证身体摄入充足的营养，才能让你保持健康、越来越美丽。

为什么不长个了

　　自从上初一之后，小雪发现自己的身高一直在飞速增长。在整个初一年级阶段，她长了整整八公分；在初二的时候，小雪长了四厘米；但到了初三之后，小雪再测量，却发现身高和初二相比并没有明显的变化。小雪对于自己的身高并不满意，因为现在她才一米五八，她希望自己可以长到一米六四，这样身材可以变得更加高挑匀称。

　　在整个初三阶段，小雪每隔一个月就会测量自己的身高，却丝毫没有增长，始终保持在一米五八。小雪很郁闷，经过一番思考，她突然意识到妈妈的身高是一米五六，自己一定是遗传了妈妈的身高。小雪非常伤心，她多么希望自己能够再长高几厘米，成为高挑的女孩啊！

　　看到小雪郁郁寡欢的样子，妈妈忍不住带她去医院检查骨骼的情况。医生经过一番检查之后发现，小雪的骨骺线并没有闭合，这就意味着小雪还有长高的空间。为此，妈妈要求小雪每天都要喝一定量的牛奶，并坚持锻炼身体。一年之后，小雪再测量身高，发现自己又长高了两厘米。虽然增长两厘米没有到达小雪预期的目标，但是，对于小雪来说，能多长两厘米总比不长更好。她决定继续喝牛奶和锻炼身体，促使自己继续长高。

　　青春期的女孩不但体重增加，身高也会持续增长。如果想长得更高，成为高挑匀称的女孩，就一定要把握好人生之中长高的两个关键时期。第一个长高的关键时期在出生之后到十周岁之前，在这个阶段，孩子要摄入充足的营养，也要多多晒太阳、补钙，这样才能够不断长高。在十岁之后，孩子会有一段身高增长缓慢的时期。到青春期之后，女孩才会再次发生快速长高的情况。相比男孩，女孩青春期维持的时间比较短，一般情况下，女孩青春期急速成长的时间在四年左右。在此期间，女孩的身体机能不断健全，身体的外形变得更加圆润，生殖器官也在不断地成长，变得越来越成熟。在青春期，女孩一定不要盲目地减肥，为了保证身体健康成长，女孩要摄入均衡的营养，促进骨骼发育。

从生理学的角度来说，人是否长高取决于骨骼，而骨骼能否持续增长，则取决于软骨。在成长过程中，女孩要靠身体分泌出足够的增长素促进生长。此外，还要摄入足够的营养来支持软骨的不断生长。只有做到这两个方面，女孩才能长高。在青春期，进行适度的体育运动和锻炼，也有助于女孩长高。此外，有科学家经过研究发现，人体在晚上十点之后会分泌出大量的生长激素，这对于女孩长高会起到很重要的作用。因此，青春期的女孩除了要摄入充足的营养之外，还应该保证充足的睡眠，尤其要注意早睡早起，否则一旦错过了生长激素大量分泌的时间，就无法在睡眠的状态中不断长高。

◇ **爸妈有话说：**

孩子，你的身高不但取决于生长因子和营养摄入，还取决于是否有充足的睡眠，最重要的则取决于爸爸妈妈的遗传因素。不过，即便爸妈的身高很矮，你也不必为自己的身高感到烦恼，因为身高并不是评价一个人的唯一标准。当然，你可以坚持进行体育锻炼，多喝牛奶，摄入充足的钙，并经常在阳光下进行体育运动，这对于改善你的身高状况很有好处。任何时候我们都不要放弃努力，一定要抓住青春期这一关键时期，让自己长得更高。

第05章
女孩大胆追梦：尽早定目标，妈妈是你的依靠

古代社会主张女子无才便是德，这是封建思想在作祟。但在现代社会，女孩与男孩拥有平等的地位，在职场上，女性甚至具有很大的不可替代性，大有巾帼不让须眉的势头。作为新时代的女性，女孩一定要突破自身的局限，努力获得更好的发展和成长，以独立的姿态傲然屹立于世，创造属于自己的精彩辉煌的人生。

以名人作为榜样，汲取名人的精神力量

因为明星的光环效应，很多男孩女孩都喜欢追星。在他们心目中，明星是至高无上的，也是完美无瑕的，因此他们对明星非常崇拜。实际上，明星只在屏幕上展示了最优秀和完美的一面，所以才塑造了完美的形象。因此，女孩一定要怀着理智的心态去追星，不要因为盲目崇拜明星而影响自己正常的生活和学习。

和那些明星相比，历史上的伟人是更值得女孩去学习的。要想为自己树立一个积极的榜样，女孩可以多多阅读名人传记，这样既可以了解历史，也可以让那些已经逝去的历史人物重新变得鲜活起来，从而为自己树立一个值得崇拜和学习的榜样。女孩正处于模仿力和学习力都很强的阶段，如果不能够理性地选择学习榜样，就容易误入歧途。

尤其是在日常生活中，榜样对于女孩的言传身教作用更强。当然，如果身边没有可以作为榜样的人，也可以从历史的长河中寻找一个榜样，这样就可以激励女孩不断进步，让其行动力大大增强。

相信很多人都读过海伦·凯勒的《假如给我三天光明》，都知道海伦·凯勒虽然饱经命运的挫折和磨难，却依然努力上进。海伦·凯勒一岁多的时候就失去了视觉、听觉和发声的能力，从此，她生活在无声无色无光的世界里。但是自从父亲为她请来了一位家庭老师，想方设法地教给她知识后，她的世界就像重获了光明。她坚定不移、努力向上，最终有所成就。女孩可以学习海伦·凯勒，学习那些意志力顽强的伟大人物。尽管这些人物已经离我们而去，但是，多多阅读这些大人物的作品，了解他们的精神和品质，必然会受益匪浅。

古今中外，有很多名人都具有非常优秀的品质和坚毅的灵魂，但是并不是所有名人都适合作为女孩的榜样。父母要从女孩的实际情况出发，要分析女孩的性格特征，从而有的放矢地为女孩树立榜样。通常情况下，女孩要以与自己志同道合的人作为榜样，这样才会与榜样有感情和心灵上的共鸣，从而受到极大的鼓舞。此外，还要寻找能够激励女孩的人作为榜样，让女孩可以从他们身上汲取精神的力量，不断提升和完善自我。在寻找榜样的时候，一定要找那些积极正面的人物，否则女孩就会在不知不觉中受到负面的影响。

刘德华诸多粉丝中有一个叫杨丽娟的女孩，她自十六岁开始就疯狂迷恋刘德华，不但辍学，还不停花钱，让原本就贫困的家庭雪上加霜。为了能见刘德华一面，她带着父亲母亲四处奔波，追寻刘德华。最终，她的父亲实在无法忍受这样的生活，选择了结束生命。这样的盲目追求给杨丽娟及其家庭带来了毁灭性的打击，也让刘德华承受了巨大的心理压力，一度陷入严重的精神疾病之中。不得不说，一个人要想寻求自己的榜样，就要找到与自己志同道合且能够对自己起到激励作用的优秀人物，将其作为自己言行举止的标杆。这样才能成就更优秀的自己。

◇ **爸妈有话说：**

孩子，你可以以任何人为榜样，但最重要的在于那个榜样是否能够给你积极的力量，是否能够丰富和充实你的心灵，以及是否能够激励你采取正确的行动来提升和完善自我。记住，你的榜样不一定是非常成功的，但是他的身上一定有某些优点能够打动你的内心；他可以不够完美，但是他一定要具有优秀的品质。总而言之，榜样是你言行举止的标杆，是你思想灵魂的高度，在为自己树立榜样的时候，你一定要慎重地选择。

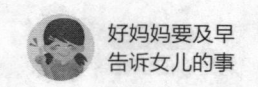

女孩要时刻保持你的创造力

对于孩子而言，学习的能力至关重要。从呱呱坠地开始，孩子们就在学习，但是不是所有孩子都能够迅速地取得进步，这是为什么呢？因为有的孩子在学习方面独具天赋，有的孩子却并不擅长学习；有的孩子具有无穷的想象力和创造力，而有的孩子则只会盲目地模仿。

众所周知，在世界领域内，诺贝尔奖是很多学科奖项的巅峰。诺贝尔之所以能够实现伟大的梦想，成为举世闻名的科学家，是因为他在一生之中都在坚持着梦想，也在发挥自己无穷的创造力，最终才能造福于整个人类世界。

在世界领域内，很多奖项的诞生都与政治宗教、民族户籍、国籍等有密切的关系，唯独诺贝尔奖是完全独立的。成就的大小，是一个人能否获得诺贝尔奖的唯一标准，所以很多学科领域的人都以能够获得诺贝尔奖为自己最高的奋斗目标。诺贝尔奖听起来似乎距离我们非常遥远，但实际上人的创造能力和潜力是无穷的，女孩只要能够激发出自身的力量，坚持不懈地努力，即使最终不能够获得诺贝尔奖，也可以距离诺贝尔奖越来越近。

孩子在降生之后，随着不断地成长，他们的内心世界越来越丰富。但是，在传统的教育方式之下，孩子的天性被扼杀，渐渐地变得整齐划一。其实，对于孩子而言，最宝贵的就是创造力，创造力听起来虚幻而不可捉摸，实际上却是实实在在的，是一个人最珍贵的能力。有创造力的人不会一味地模仿他人，也不会总是因循守旧，相反，他们会为这个世界创造出崭新的价值，推动整个人类社会不断进步。创造力涵盖了很多方面的能力，包括创造出实实在在的产品的能力。伟大的发明家爱迪生就为整个世界的人带来了电灯，除此之外，他还发明了很多其他具有创新性的产品。

创造力也是一种独特的心理过程，曾经有科学家认为创造力和智力之间不是成正比的关系。也就是说，一个人即使智力水平不是很高，也可以有很高的创造力。反过来说，一个有创造力的人，他的智力水平未必一定很高。在发现孩子有创造力的时候，父母一定要有意识地引导孩子保持创造力。通常情况下，创造力很强的人往往对生活洞察入微，有着敏锐的感知能力，他们能够把被别人忽视的问题看在眼里，然后想方设法地解决问题，并且立即付出行动真正去创造。

对于孩子而言，创造力是决定人生成就的因素。有些孩子在成长的过程中失去创造力，于是一生碌碌无为；而有些孩子在成长的过程中始终能够坚持自己的想法，并动手去做，最终获得了非凡的成就。

对于创造力，很多人都存在误解，觉得女孩的创造力远远不如男孩的创造力强。其实不然。创造力对于男孩或是女孩并没有特殊的偏爱。当然，只有创造力是不够的，还要拥有把创造力付诸实践的行动力才能够创造出结果。

◇ 爸妈有话说：

很多女孩都有从众心理，因为她们没有足够的自信，也不希望自己在人群之中显得太过另类，因此，她们总是规规矩矩，让自己看起来和其他人没有太大的区别。殊不知，一个人可以外表看起来普普通通，但是内心一定要独一无二，既要坚持自己的想法，坚持自己的与众不同之处，也要坚持让自己的想法付诸实践，这样才能发挥创造力的作用，让自己变得越来越强大。

女孩，你要谦虚，也要自信

和那些不希望自己区别于其他人的女孩不同，有些女孩非常希望鹤立鸡群，赢得更多人关注的目光，为此她们总是故意让自己显得与众不同。殊不知，这种让自己区别于他人的方式并不高明，那些真正优秀的人，哪怕他们一声不吭，也会有人关注他们；而那些只想吸引他人眼球的人，哪怕他们故意标榜自己的独特，也往往难以达到预期的效果。

  在成长的道路上，女孩会有很多的进步，也会有很多犯错的时候。在成长中，这些情况都是正常的。女孩要时刻鞭策自己，砥砺前行，避免让骄傲自满的心态成为成长的绊脚石。要记住，在这个世界上并没有绝对完美的人，每个人都会犯各种各样的错误，每个人都有自己的优点，也有自己的缺点，女孩千万不要因为只看到自己的优点而扬扬得意，也不要因为只看到自己的缺点而自卑沮丧。只有客观公正地评价自己，知道自己既有优点也有缺点，从而理性地取长补短，才能够更加自信、全面地成长。

  在自信和自满之间，需要找到一个合适的尺度。过度骄傲，自信就变成了自满，而如果遇到小小的挫折打击就一蹶不振，就变成了自卑和自我放弃。

  要想避免自满，就不要用自己的优点与他人的缺点进行比较，要知道，每个人都有自身的长处和短处，我们要客观认识自己的优点，也要理解和包容他人的缺点，这样才能更加客观中肯地评价自己和他人。要想做到自强，就不要因为小小的挫折和打击而一蹶不振。常言道，人生不如意十之八九，在成长过程中更是会遇到各种各样不如意的情况。但是哪怕前路再坎坷艰难，女孩也不要为此而陷入自卑。满招损，谦受益，这句话就是告诉我们，一个人唯有谦虚才能努力上进，若总是骄傲自满，目中无人，就会在成长的道路上栽跟头。所以女孩一定要客观公正地认知自己，不要盲目地高估或者贬低自己。

  当然，女孩的心智发育还不够成熟，人生经验也很匮乏，要想做到谦虚而又自强，女孩就要做到以下几点。首先，女孩要拥有一颗自强的心。每个人在成长的过程中都会遇到不如意的事情，如果遇到小小的困难就知难而退，而不愿意继续努力和前进，那么就不能够获得成功。其次，对于自己的理想要坚持不懈地去实现，哪怕前路坎坷路途遥远，也要砥砺前行，而不要随随便便就放弃。最后，女孩应该保持自我反省的精神。每个人难免会在前进的道路上误入歧途，只有保持自我反省的精神，才能随时发现自己做得不对的地方，才能够随时激励自己，努力进取。

每个人都有弱点，自满就是一个人最大的弱点。在进步的道路上，自满是最大的绊脚石，它会使人在不知不觉间就停下前进的脚步。所以，在成长的道路上，女孩儿一定要戒骄戒躁，以谦虚的心态一直前行，以坚韧的态度不断前进。

◇ 爸妈有话说：

如果你觉得自己获得的成功太容易，那么不妨把目标定得更加远大一些，这样你就会发现你如今取得的小小成就并不足以值得骄傲。你一定要更加严格地要求自己，只有努力攀登上更高的山峰，你才会看到更远的风景。

尽早树立你的目标

人生就像船只在大海上航行，如果没有引航灯，很容易在茫茫的大海上失去方向，最终不知所踪。即使是一个经验丰富的船长，也必须在引航灯的指引下才能保持航行的方向，才能够不断地奔向目的地。对于孩子的成长而言，目标正是把握人生方向的关键所在，孩子如果失去目标，就会在成长的道路上陷入迷茫和混乱，就无法到达成功的目的地。只有在正确目标的指引下，孩子才能找到前进的方向。

记得在小学阶段的语文课上，很多老师都会问孩子的理想是什么，并让孩子以"我的理想"为题写一篇文章。在当时的年纪，孩子们总是会给出各种各样的答案，比如有的孩子的理想是成为村里的村长。当然这样的理想也并非凭空而来，它是孩子对于人生的理解和感悟。但是遗憾的是，很多孩子在说出理想之后，就把理想完全抛之脑后了，在未来成长的过程中，他们没有坚持理想，也渐渐地背离了初衷。实际上，理想就是人生的目标。目标对于成功而言，就像靶子于箭头一样重要。有目标，孩子才有努力的方向。

法布尔曾经做过一个非常经典的毛毛虫实验。他把带队的毛毛虫放在一个圆形花园的边沿上，让其他的毛毛虫依次排在带队毛毛虫的身后，与带队的毛毛虫首尾衔接。众所周知，毛毛虫最喜欢吃清香的松叶，法布尔把松叶放在距离毛毛虫队伍不远处的地方。于是，毛毛虫就这样开始围绕花盆的边沿进行爬行，它们首尾相接，后面的毛毛虫都在追随带队的毛毛虫，而带队的毛毛虫因为面前就是追随者的尾巴，所以它也盲目地跟随着追随者爬行。就这样，毛毛虫围绕着花盆的边沿不停地爬呀爬呀，它们的姿态和速度几乎没有改变。虽然它们很饥饿，并且美味的松叶就在旁边散发出清香，但是它们不为所动，依然坚持爬行。就这样过了七天之后，所有的毛毛虫都因为精疲力尽被累死了。

实验的结果告诉我们，毛毛虫真的是盲目追随目标的生物。在行动的过程中，它们没有任何的思考能力，唯一的想法就是跟着前面的毛毛虫爬行。正因为如此，才使它们对于近在咫尺的美味松叶视而不见，最终被活活饿死。

想想吧，这样的情况是多么可怕，假如人也和毛毛虫一样，在成长的过程中，只是盲目地跟随别人，而从来没有独立的思想和主见，那么人们最终就会迷失自我，也会在生命的过程中丧失努力的目标。

人都应该为自己设置一个目标，这个目标可以是长期的，也可以是短期的，但是它们都要有一个共同点，那就是具有激励的作用。目标的激励作用，就是让人们在犹豫彷徨的时候依然能够不忘初心。在目标的指引下，哪怕是在漫无边际的海上航行，人们也不会迷失方向。女孩在生命的历程中一定要为自己设定一个目标，并且要为实现目标而不懈努力。如果没有目标的指引，人生最终的结果将很难令人满意。

但是，如果制订的目标过于远大而很难达到，就会使女孩产生挫败的心理。在女孩有了远大的目标之后，父母可以引导女孩对目标进行分解，把目标分解为中期目标和短期目标，这样女孩经过一段时间的努力就可以实现一个短期目标，从而感受到成功的喜悦，也得到实实在在的成就。得到了激励，女孩自然会更加勇往直前。

为了实现目标，除了要有坚定不移的意志力之外，还要讲究方式方法，将勇气和毅力相结合，才会起到最好的效果。

◇ 爸妈有话说：

每个人的人生都应该有目标，目标就像是在茫然海面上的船只需要的灯塔一样，为人们指明努力的方向。目标为人生不断进取提供源源不断的力量，在目标的激励下，人生才能勇往直前、绝不懈怠。

第 06 章
女孩你别哭：妈妈给足你自信和勇敢

幼小的孩童如刚刚展开的瑰丽画卷，孩子的心灵就像一张纯洁无瑕的白纸，染之黄则黄，染之苍则苍。面对人生不同的态度，决定了女孩将会拥有怎样的人生。拥有积极人生态度的女孩，她们在人生之中会看到更多的阳光，感受到更多的温暖。拥有消极人生态度的女孩，她们的人生就像是乌云密布的天空，总是带给她们深切的绝望。因此，女孩一定要选择阳光的心态，奠定良好的人生基调，才能拥有美好的人生。

好妈妈要及早
告诉女儿的事

亲爱的女孩，你别哭

在很多人看来，女孩是柔弱的代名词，她们一旦遇到困难，就会情不自禁地退缩，哪怕只是遇到小小的伤害，她们也会伤心而又无助地哭泣。看到女孩这样楚楚可怜的模样，父母一定会忍不住帮助女孩、扶持女孩。然而，女孩终究要独自面对人生，父母也无法陪伴和保护女孩一辈子。在这种情况下，父母如何才能培养出独立的女孩呢？

面对人生的困境，女孩不要流泪，甚至有一些困难就像是女孩人生的巧克力，能给女孩补充巨大的能量，让女孩变得更加勇敢坚强。所以女孩在面对坎坷磨难的时候，一定不要悲观绝望，而应该有越挫越勇的精神。面对那些看似不可战胜的困难，女孩更应该鼓足勇气，努力向上。唯有如此，女孩才能最大限度激发出自身的潜能，成为人生真正的主宰。

当真正遭遇磨难的时候，流泪是不可能解决问题的，现实社会是非常残酷的，生活也常常表现出冷漠无情的一面。因此，女孩更应该收起眼泪，攥紧拳头，这样才能够真正承担起人生的重任。既然痛苦已经出现，与其被痛苦和磨难打倒，还不如积极地扬起自信的风帆，努力消化痛苦，迎接磨难。唯有如此，每个人才能最大限度地挑战自我，激发出自身的潜能，才能够更加从容不迫。

古往今来，无数伟大的人之所以有了不起的成就，并不是因为他们得到了命运的青睐，也不是因为他们独具天赋，而是因为他们在命运的挫折和磨难面前始终能够坚持与命运搏斗，即使遭到了沉重的打击，也依然傲然挺立。他们的意志因为磨难而变得更加坚强，他们的心灵因为磨难而变得更加坚韧。

很多女孩都喜欢吃巧克力，实际上那些优质的巧克力在甜蜜之中总是带着淡淡的苦味。既然如此，何不把生活也看成是一块巧克力呢？生活的本质就像既有苦涩也有甜蜜的巧克力。即使巧克力如此苦涩，人们吃完之后也始终念念不忘。如果女孩能以品尝巧克力的态度去面对人生，那么挫折就会让女孩变得更加强大。命运总是公平的，它在给人关上一扇门的同时，会为人打开一扇窗。从来没有一个人会始终得到命运的眷顾，没有一个人能够一帆风顺到底。因此我们要勇敢地面对生活，无畏地生存下去。

◇ 爸妈有话说：

你足够幸运，因为你有健康的身体，有充实的心灵，也有独立生活的能力，最重要的是你有积极的心态。记住，命运对每个人都是公平的，命运的结果在于我们对待命运的态度如何。当你被失败打击的时候，不如想一想成功的时刻；当你一蹶不振的时候，不如想想自己要怎么做才能赢得命运的青睐。要想得到命运赋予你的好机会，就要始终保持昂扬饱满的斗志，这样才能够作好准备，随时抓住机会，最终获得成功。

从黑夜逃离，你就能看到光明

"黑夜给了我黑色的眼睛，我却用它寻找光明。"这句诗是伟大的诗人顾城写的。很多青春期的男孩和女孩都以这句诗作为座右铭，他们用这句诗来鼓励自己，也用这句诗来振奋精神。不得不说，眼睛的确是人们眺望世界的窗口，也是人们心灵的窗口。每个女孩都要用明亮的眼睛来寻找世界中的真善美，采集更多的阳光充实和照亮自己的心灵。唯有积极乐观向上的女孩，才会拥有充满阳光的明媚人生。

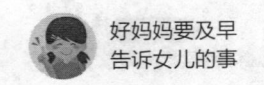

大多数女孩都很积极，也有少部分的女孩对于人生持着悲观的态度，对于人生的感知力非常迟钝。只有内心充满阳光的孩子，才能够感受到这个世界的温暖；如果孩子的心很悲观沮丧，看任何问题的时候都带着悲观的态度，那么他的人生一定会非常糟糕。

女孩在看待问题的时候何必悲观呢？现代社会，大多数女孩都是独生女，在优渥的环境中成长，根本不需要为了那些不值一提的小事情而感到烦恼。实际上，悲观情绪的产生与人的心理状态密切相关，当一个人对人生态度消极的时候，他的世界就会染上悲观主义的色彩。因此，父母要有意识地引导女孩摆脱悲观，让女孩在人生的道路上更加积极地前行。

从心理学的角度来说，悲观之所以产生，与女孩内心深处缺乏自信有着密不可分的关系。所谓乐观与悲观，就是一个人看待外部世界的态度。积极的人看待一个问题时，总是能够从问题中看到希望；而消极的人在看待同一个问题时，只能够从问题中看到绝望。悲观的女孩常常觉得自己的人生道路走到了死胡同，总是感受到生命的无奈。其实，她们的人生是充满希望的、有美好的未来。只是因为她们的眼睛被悲观蒙蔽，所以看不到希望的光而已。

悲观情绪对女孩成长的影响是很大的，当女孩过度悲观的时候，她们还可能陷入抑郁。明智的父母会更加关注女孩的内心状态。但是，至今仍有很多粗心的父母一味地要求女孩学习好，却完全忽略了女孩内心感情的需要，因此他们在和女孩沟通的过程中会陷入一个误区——因为彼此不了解而直接导致父母对待女孩的方式过于粗暴，女孩又无法承受这样的教育方式，最终导致悲剧发生。要想让女孩拥有积极阳光的心态，父母应该改进与女孩沟通的方式，有意识地增强女孩心理上的柔韧性。唯有如此，女孩才能够更加坚强，经受人生中的挫折。

很多父母对于女孩总是过分呵护与照顾，哪怕女孩做错什么，他们也不会批评女孩。不仅如此他们还常常表扬女孩，使女孩以为自己所做的一切都是正确的。这样一来，女孩对于批评的承受力就会非常差，也使得女孩一旦受到小小的批评就觉得自己一无是处。不得不说，这是非常危险的做法，因为，随着不断成长，女孩在学习生活的各个方面都可能会出现或大或小的失误，也会遭到老师或者其他人的批评，女孩如果没有承受批评的能力，就不会知道如何解决问题，也会变得越发悲观，甚至在悲观的情绪中做出极端的举动。

◇ 爸妈有话说：

　　孩子，生活从来不是一蹴而就的，这个世界上也没有天上掉馅饼的好事情。每个人都是自己命运的主宰者，你要相信，只要脚踏实地，一步一个脚印地努力向前，即使目标再遥远，也可以到达。最重要的在于，不管发生怎样的情况，也不管承受怎样沉重的打击，我们都要不忘初心，保持自信。

女孩，要有不输男儿的气魄

　　古代封建思想主张女子无才便是德，因而古代父母对女孩的培养方式就是让女孩学习一些女红、家务，只有在经济条件好的家庭里，父母才会让女孩读书，学琴棋书画，但仍然不要求女孩像男孩一样独立坚强。只有在花木兰代父从军的故事中，花木兰为了照顾年迈的父亲，女扮男装去战场上奋勇杀敌，最终立下了赫赫战功，衣锦还乡。现代社会，女性的社会地位大大提高。对于女性来说，这是莫大的进步。作为现代社会的父母，我们在培养女孩的时候，要让女孩发挥自身的优势，创造价值，做出成就。女孩，要有巾帼不让须眉的气概，才能傲然于世。

　　虽然从生理的角度来说男性比女性的力量更加强大，但是，从内心的角度来说，女性的力量并不次于男性。如果女性能够发挥自身的优势，激发出主观能动性，并调动潜力和智慧，那么，即使女性在力量方面受到禁锢，也依然可以让自己变得更加强大。常言道，金无足赤，人无完人，每个人都有自己的长处，也有自己的不足。和男性相比，女性的韧性更强，且意志力更加顽强。正因为如此，在很多重大的灾难面前，女性的表现往往会更加突出。曾经在职场上有很多用人单位不愿意聘用女性，这是对女性的歧视。在女性的不断努力下，无数事实最终证明了女性足以胜任很多工作。如今的职场上，歧视女性的用人单位越来越少，女性也得到了和男性同样的工作机会，这是时代的进步，是社会的进步。

如今，在很多名牌高校里，女学生的比例并不比男学生的比例低，这也证明了女性的智力水平并不比男性低。从群体来看，女性普遍的智力水平甚至比男性还要更高一筹。所以，在现代社会中，再也不要说女性不如男性，也不要觉得女性比起男性有很大的局限性。只有当女性不把自己看作弱者，而是把自己看成真正的强者，女性自身的潜能才会被激发出来，在人生之中也会有更加超常的表现。

女孩不要认为自己是软弱的代名词，而应该树立女子当自强的观念。人们总是说男儿当自强，认为男孩是力量和勇气的象征，也认为男孩可以承担起很多艰巨的任务，努力地挑战和超越自我，做出真正的成就。实际上，男孩能做到的这一切，女孩同样能够做到。在学校里，很多班级的班长都是由女孩担任，这也充分说明女孩的表现丝毫不比男孩差。此外，在遇到艰巨的任务时，女孩也要鼓起勇气独立解决问题。记住，依赖不能使女孩获得成长，女孩一定要渐渐地走向独立，这样才能够不断超越自己，才能够让自身的能力得以证实。总而言之，每个人都有自己的长处，女孩要客观公正地评价自己，既要认识到自己的短处，也要认可和证实自己的优势，这样才能够变得更加强大。

第06章
女孩你别哭：妈妈给足你自信和勇敢

◇ 爸妈有话说：

　　没有人是天生的强者，也没有人是天生的弱者。作为女孩，你一定要树立女子当自强的观念，在关键的时刻挺身而出，并以实力证明自己。记住，只要不断突破和超越自己，真正成就自己，你一定会活出独属于自己的精彩人生。

展现你的自信，你就是最美丽的

　　女孩要想在生命的历程中具有突出的表现，做出属于自己的成就，就一定要拥有自信和朝气。自信和朝气就像是女孩华美的外衣，能够让女孩变得更加与众不同，增加女孩的力量，让女孩在成长的过程中一往无前，绝不退缩。当然，每个孩子在成长过程中都会遇到各种困难和障碍，只要鼓起勇气，扬起自信的风帆，女孩最终就能够扫除这些障碍，解决成长道路上的难题，从而让自己更加快速地成长。

　　田田从小就像男孩一样，总是不服输，而且很调皮，所以在成长的过程中，田田的很多好朋友都是顽皮的男孩。她与他们在一起，就像与铁哥们儿在一起一样。田田在学习上也有一股不服输的精神，她总是非常勤奋刻苦，不甘心落后于人，但是她也有一个很大的弱点，那就是特别害怕考试，对于考试有着深深的恐惧。

　　田田平日里学习成绩很好，可一旦到了考试的时候，就会因为紧张而导致头脑中一片空白。有的时候，田田甚至会把原本会做的题目都彻底忘掉，因此，每次田田的考试成绩总是很糟糕。这使得田田非常苦恼。看到田田痛苦的样子，妈妈想方设法地鼓励田田，却没有什么效果。为此，妈妈决定带着田田去咨询心理医生，让心理医生解开田田心中的结。

经过一番分析之后，心理医生认为，田田之所以在考试的时候表现异常，是因为不够自信。心理医生的分析让妈妈觉得不可思议，妈妈告诉心理医生："田田是一个比男孩还自信的女孩。"心理医生对妈妈说："她也许跟男孩一样顽皮，也会和男孩打成一片，但是她内心并不十分自信。一个人如果真正自信，就不会害怕检验的到来，也不会因为紧张而导致发挥失常。真正自信的人，总是能够从容应对一切情况。"经过心理医生的指导和分析之后，妈妈对田田的心理状态有了更深的了解，田田也开始有意识地提升自信。在对多方面进行改进后，田田在考试中的表现越来越好。

女孩唯有拥有自信，才能够由内而外散发出强大的气场，拥有不可战胜的力量，才会有吸引人的朝气。要想不断地增强自信，女孩就要学会鼓励自己，也可以为自己寻找一个榜样作为标杆，还可以为自己寻找一个对手。曾经有人说过，看一个人的底牌，看他的朋友；看一个人的实力，看他的对手。对于女孩来说，拥有合适的对手和敌人，能够不断激发女孩自身的潜能，努力上进。当然，在做很多事情的时候，如果女孩过分在乎事情的结果，就会很紧张。为了让自己恢复平静，能够正常发挥，女孩无须过分重视结果，要知道很多事情最重要的是过程，而不是结果。结果只能代表某一种情况下的收获，却不能代表女孩真正的能力。在分数的刺激下，女孩往往会非常紧张，希望自己可以取得好成绩。其实，一次考试的成绩并不是检验女孩学习情况的唯一标准，女孩应该让自己的学习生活变得丰富多彩，充实稳定，这样才能够真正地展示自身的能力水平。

在缺乏自信和朝气的时候，女孩不如多多鼓励自己，给自己积极的心理暗示。有的时候，来自父母老师等的鼓励固然能够激励女孩努力进步，却不能给予女孩持久的力量。女孩唯有意识到自信的重要性，并有的放矢地对自己进行心理暗示，才能够让自己的内心变得越来越强大。

第 06 章
女孩你别哭：妈妈给足你自信和勇敢

◇ **爸妈有话说：**

　　女孩是那么美丽，如同早晨含苞待放沾着晶莹露滴的花朵。在爸爸妈妈心中，你是最漂亮、最勇敢、最自信的女孩。每当遇到困难的时候，你要记住，成功就在不远处向你招手，只要鼓起勇气，一切困难都会臣服在你的脚下。拥有自信你就可以开足马力向前奔跑和冲刺！

第 07 章
妈妈要对女儿说：女孩，无论何时都要保护好自己

对于生活的理解，都是仁者见仁，智者见智。有的人觉得生命是一场没有归途的旅程，有的人觉得生命是一场意外的惊喜，有人觉得生命是一场磨难，让人顿悟。一千个人眼中就有一千个哈姆雷特，对于生命，每个人都有自己与众不同的见解。女孩的内心更加丰富细腻，她们的感觉更加敏锐，所以，对于生命，每个女孩都有自己独特的感悟。

女孩要知道，生命多珍贵

前些年，深圳的富士康发生了骇人听闻的"十二连跳"事件，这件事让整个富士康都蒙上了沉重的阴影，社会人士也对此高度关注。为何年轻人非但不珍惜生命，反而一举结束生命呢？其实，不仅成年人有这样的困惑，那些青春期的女孩，也常常会陷入这样的困惑之中。

数据显示，不管是大中小学，每年都会有自杀的事件发生。这些数据告诉我们，孩子的心理问题不可忽视。作为父母，我们应该更加关注孩子的心理问题，帮助孩子疏导情绪，恢复心理健康。

随着不断地成长，孩子对于生命的理解是更深刻还是更肤浅并没有一定的趋势。实际上，孩子对于生命的抉择取决于他们对生命的理解和感悟。在成长的过程中，父母要引导孩子更加感恩生命，也要培养孩子承受挫折的能力，这样孩子才不至于因为一点小小的问题就放弃生命。不得不说，对于青春期女孩来说，生死这个话题无疑显得太过沉重，但是每个人都是向死而生，每个新生命从降生开始就在以不同的方式走向死亡。所以，生命教育，对于青春期的女孩来说是不可缺少，也是不可回避的，它应该成为家庭教育的重要内容。对于生死，如今这些总是衣食无忧的孩子们并不懂得其真正的含义，他们甚至不能驾驭和主宰自己的生命，却又常常把死挂在嘴边用来要挟父母。不得不说，这样的行为是非常幼稚的，也是让父母感到特别痛心的。

成长的过程中，孩子总有机会接触到死亡，例如，他们的偶像自杀了，家里有老人去世，甚至父母也有可能突然离开他们。对于孩子而言，这样的经历自然是悲痛的，却又恰恰可以引发他们更加深入地思考死亡。

第07章

妈妈要对女儿说：女孩，无论何时都要保护好自己

现在的孩子承受能力特别差，这使得他们哪怕在生活中拥有再多也不会感到满足。对于他们而言，生命不是一场没有归途的旅行，而是一场随时都有可能终止的旅程。一直以来，中国人都避讳提及死亡，人们把生死作为谈话的忌讳，很少主动谈起生死，尤其是父母与孩子之间，更是不愿意提起生死。但是父母们不知道的是，青春期女孩不断地成长，会接触到越来越多的残酷的现实，这会与她们从小以来享受到的父母无微不至的关注和照顾形成强烈的对比，以至于她们很容易产生轻生的想法。在如今的中国，每个孩子都在承受着巨大的学业压力，不得不完成繁重的课业任务。如果与父母之间的沟通不顺畅，女孩就会更加郁郁寡欢。在这种情况下，孩子的心理问题又该如何解决呢？

很多父母毫无限度地满足孩子所有的物质需求，却不知道对于孩子而言，生命教育才是本位教育。正如人们常说的，健康是一，其他的一切，诸如金钱、物质、权力等都是零。只有在拥有健康的情况下，这些才有意义。同样，生命也是人生存在的根本，是人生存在的基础，如果不能保证孩子的生命，那么，对孩子付出再多又有什么意义呢？

有些女孩动辄把死挂在嘴边，是因为她们并不知道死的真正含义，所以总是用死来要挟父母。父母一定要告诉女孩死亡的真正意义，让女孩可以正确对待死亡。

生命教育的缺失，让父母对女孩的教育变成了无根的浮萍。如果不能保证女孩的生命安全，让女孩对于生命有更深刻的理解或者以感恩的态度面对生命，那么，女孩获得再大的成就又有什么用呢？很多父母觉得孩子还小，在和女孩谈到生死问题的时候，往往刻意回避。殊不知，唯有让女孩了解生死的意义，女孩才会更慎重地面对生死，而不会动辄就把死亡挂在嘴边；也只有让女孩了解死亡的意义，女孩才会向死而生，珍惜自己在生命历程中拥有的一切。父母要让女孩知道，死是一件无法后悔的事情，人死不能复生，从而让孩子更

加珍惜生命,更加珍惜自己能够呼吸空气、享受阳光的每一天。

◇ **爸妈有话说:**

每当听到你把死亡挂在嘴边的时候,爸爸妈妈的心里都是十分悲痛的。爸爸妈妈给了你生命,并不想看到你随随便便就把生命抛弃,而是希望你能够拥有属于自己的精彩人生。也许你认为爸爸妈妈对你干涉太多,打着为你好的旗号控制你的人生,这当然是不正确的,我们会反思并改正。但总的来说我们希望你可以过好每一天,也希望你可以用心地面对生命的每一分每一秒。

被失眠困扰时,你可以求助于妈妈

青春期女孩正处于学习的关键时期,她们不但要在课堂上集中精力听讲,在课后还要花费很多的时间和精力去完成繁重的作业。有的时候,父母因为成人世界激烈的竞争,压力很大,也会在无形中把压力和焦虑的情绪传递给孩子。实际上,对于孩子而言,他们所能承受的压力是有限的。所以父母在锻炼女孩承受能力的时候,要有意识地、循序渐进地推进,而不要一股脑地把压力转嫁到孩子身上。

有机构经过调查发现,在如今的青少年群体之中,有很多人因为压力过大而经常失眠焦虑。尤其是女孩,她们的心思更加细腻,想的问题也比男生更多一些,所以女孩患有失眠的情况更加严重。有过失眠经历的人都知道。失眠是很痛苦的,明明非常困,却瞪大眼睛无法入睡,好不容易睡着之后,又会在睡梦中惊醒,感到头痛欲裂。有些女孩在夜晚上床之后明明很想入睡,却忍不住想各种各样的事情,思维异常活跃,导致彻夜难眠。实际上这些情况都是可以避免的,因为这些事情女孩可以选择不去想。与其因为无意义的思考而导致睡眠状况被扰乱，不如保持良好的心理状态，让自己拥有充足的睡眠，才能在良好的睡眠之后感到神清气爽、精神抖擞。

从心理学的角度来说，失眠和紧张、精神压力大有很密切的关系。对于青春期女孩而言，要想保持香甜的睡眠，就一定要更加理性地面对各种问题。其实，不管你是否失眠，很多问题始终都存在，与其焦虑地思考，还不如暂时放下来，全身心地投入睡眠之中，也许一觉之后，很多问题就已经迎刃而解了。

要想避免失眠，在睡觉之前一定不要胡思乱想。很多父母都不明白女孩为何有那么多的烦心事。实际上，每个人都有自己的烦恼，孩子是独立的生命个体，有自我的意识，也会面临成长过程中的各种烦心事。对于这些烦心事，在睡觉之前最好将其全都放下。否则，一旦想了其中的一件事，思绪就像一列列车，会不断地把很多的事情都串联起来，导致睡眠质量变差，甚至根本睡不着。所以说，烦恼是睡眠的最大敌人之一，女孩要想拥有健康的睡眠，一定要避免心事重重，要放空心灵，让大脑轻松入睡。也许有些女孩的学习压力很大，课业的任务很重，但其实这些问题并不是针对女孩出现的，每一个孩子都要经历这样的过程，也需要在这样的历练之中不断地成长，才能强大起来，拥有更美好的人生。

有些女孩之所以失眠，是因为白天的睡眠时间太长，或者是因为其他原因扰乱了正常的生活和作息习惯。青春期女孩通常处于初中和高中的学习阶段，在这个阶段，学习的压力很大，需要完成的作业也很多，孩子没有更多的时间去锻炼身体，睡眠状态欠佳。要想提高睡眠质量，孩子可以有意识地进行运动，当达到了一定的运动量，身体就会感到疲惫，睡眠质量自然也会大幅度提高。有些孩子为了成绩暂时领先，总是通宵达旦地熬夜学习，殊不知学习也讲究"可持续发展"，如果因为接连熬了几个通宵导致在学习上没有"可持续的发展"是得不偿失的。

有一些食物是很有助于睡眠的，当发现女孩出现失眠现象的时候，父母要有意识地给女孩提供有助睡眠的食物，同时还要避免女孩食用那些对精神产生刺激的食物。例如，晚上睡觉之前不要喝咖啡或者浓茶，而应该喝一杯温热的牛奶或者吃一根香蕉。香蕉和牛奶里的营养物质都有助于身体恢复平静，从而有助于睡眠。需要注意的是，哪怕睡眠的状态很糟糕，也不要随便服用药物，因为服用药物会导致女孩对药物产生依赖性。实际上，女孩的失眠如果有明确的原因，即使不借助于药物的作用，只要有的放矢地采取合适的方法避开失眠的因素，就能收到很好的效果。

◇ 爸妈有话说：

每个人在成长的过程中都会遇到很多烦恼，即使是成人，也要面临来自工作和家庭的重重压力。如果因为一点小小的事情就内心崩溃、情绪混乱，那么失眠就会不期而至。记住，压力并不是无法排解的，最好的消除压力的方式就是把压力转化为动力，这样不但可以激励自己进步，还可以把自己从失眠的状态中解脱出来，何乐而不为呢？

好女孩绝不沾染烟酒

青春期，不仅很多男孩会沾染上抽烟喝酒的恶习，很多女孩也会因为好奇而沾染烟酒。殊不知，抽烟喝酒对于身体有百害而无一利，尤其是对于本身就缺乏自制力、情绪容易冲动的青春期女孩而言，如果在酒精的麻痹作用下失去自控力，导致不能控制自己的言行举止，后果会非常严重。

男孩都认为抽烟的男人非常成熟、有魅力，女孩也误以为抽烟的女人有一种独特的美。其实，这是因为女孩对于美丽的理解太过肤浅，她们认为所谓的魅力就是表现出来的一种形式，实际上，真正的魅力是由内而外散发出来的，是由一个人的素养、知识以及精神世界综合呈现出来的。青春期女孩一定不要把魅力和抽烟喝酒等同起来，而应该从心灵深处丰富自己，这样才能够让自己成为有独特魅力的女性。

青春期女孩正处在身心快速发育的关键时期，在这个阶段，女孩虽然身高和体重看起来都增加了很多，但是她们的生理系统和生殖器官仍不太成熟。因此，她们身体的抵抗力很差，一旦受到外界有毒物质的侵扰，身体就会受到很大的影响，甚至遭到严重的损坏。美国的一位科学家经过长期的研究发现，如果一个人从青春期就开始抽烟，那么，他在整整一生之中比正常的健康人患病死亡的概率会提升至少三倍以上。抽烟会伤害青春期女孩的肺部，导致女孩的肺活量大大降低，肺部感染的可能性大大增加，并且抽烟还会伤害女孩正在发育中的声带。抽烟最大的危害在于香烟中的尼古丁会影响女孩的智力发育，导致女孩在学习方面表现出明显的滞后性。看到这里，聪明的女孩一定知道抽烟对于身体是有百害而无一利的，所以女孩一定要远离香烟。在日常生活中与他人交往的时候，若发现身边有人抽烟，也要远离这些抽烟的人，避免受到二手烟的伤害。

如果说抽烟的危害是需要长期积累才会体现出来的，那么喝酒对青春期女孩的危害则立竿见影。酒精会麻痹人的神经，使人在短暂的时间里陷入昏迷的状态，失去理性。酒精还会伤害女孩的脑部神经，如果女孩在酒精中迷失自我，是会导致严重后果的。所以青春期女孩一定要远离酒精，这样才能够有效地保护自己。试想，一个醉得昏昏沉沉的女孩，如何能够保证自身安全呢？

很多女孩都觉得喝酒是一种有个性的表现，且看起来非常豪爽，所以在很多看似迫不得已的场合里，她们总是随意喝酒。美国公共卫生局医务长官曾经进行了一项专门的调查，在美国十四岁的青少年之中，每五个人里就有一个人曾经有过醉酒的经历。事实上，喝酒会影响青少年的成长，还会导致很多青少年在醉酒的状态下沾染毒品，从此无法摆脱毒品的危害。

当然，青少年之所以会喜欢上喝酒，与家庭环境和周边人的影响有很密切的关系。作为父母，我们应该严格监管青少年的行为，不要给青少年树立负面的形象。酒精会降低人的记忆力，影响人的行动能力，也会让人在混乱的状态下做出尴尬难堪的行为。青春期女孩要想维护自己的良好形象，就要在酒精面前保持自控力，不要因为好奇而尝试喝酒。

◇ 爸妈有话说：

很多错误在犯了之后也许可以弥补和挽回，也有很多事情一旦发生就没有挽回的机会。本着对自己负责的态度，你一定要时刻保持清醒，不要因为靠近烟酒让自己陷入混乱的状态。记住，身体是自己的，你要对自己负责，所谓爱自己，首先就是要给自己一个健康的身体。

女孩爱钱，但不可做吝啬鬼

要想健康快乐地成长，需要树立正确的金钱观。现代社会，对于金钱的需求越来越大，虽然没有钱是万万不能的，但是金钱从来不是万能的。在这个世界上，有很多感情都比金钱更加珍贵，有很多原则都需要我们超越金钱去维护。所以从本质上来说，金钱只是我们获得更好生活的一种工具，却不能决定我们生活的目的。女孩要端正对金钱的态度，成为金钱的主人，驾驭金钱，而不能成为金钱的奴隶，被金钱驱使。

很多女孩生活在以金钱为重的家庭环境中，她们会不顾一切地追求金钱。她们还没有形成成熟的人生观念和价值观念，所以，在父母的影响之下，她们也把自己的人生目标定义为多挣钱。其实，对于女孩而言，她们应该更多地关注自身的成长，而不要觉得钱就可以解决一切问题。所谓理想，并不是多挣钱，真正的理想能够指引我们的一生，让我们在生命的过程中实现自身的价值、体验莫大的成就感。

在社会上流传着两种关于金钱的观点，一种认为金钱毫无用处，还有一种认为金钱就是一切，能够解决所有的问题。这两种极端的论点都是错误的，金钱从来不是一切，它也许可以解决很多问题，但是并不能解决所有的问题。金钱可以买来有价值的商品，却买不来无价的情谊，所以，女孩不要把金钱看得至高无上。那么，金钱是否完全无用呢？当然也不是。现代社会，没有钱寸步难行，因为钱是人们进行物质交换最基础的媒介和工具，如果没有钱，我们就无法购买自己想要的商品，无法提升生活的品质。所以，女孩在成长的过程中要树立正确对待金钱的观念，才能够让金钱为女孩的成长服务。

有一天，在说起理想这个话题时，妈妈问叶子长大之后想做什么，叶子漫不经心地回答："长大之后不管做什么事，只要能赚钱就行。"听到叶子的回答，妈妈不由得陷入沉思：难道挣钱就是叶子的理想吗？这一定是因为我对她的教育出现了问题，所以才会让她对理想的理解存在偏颇。妈妈对叶子说："叶子，理想是非常伟大的，它能够指引人生前进的方向，而金钱只是我们在努力工作的过程中获得的报酬。虽然金钱是生活中很重要的东西，却不是万能的。"听了妈妈的回答，叶子说："妈妈，现在没有钱就是寸步难行啊！如果没有钱，怎么生存呢？我要想满足自己的很多愿望，就必须要有钱。"看着叶子，妈妈一时语塞。

把人生的理想定义为追求金钱，这样的理想观念是不值得提倡的，金钱固然重要，却不能够代替真正的人生理想。父母要引导女孩树立正确的金钱观，要让女孩知道金钱只是生存的工具，而不是生命的全部意义所在。

金钱在有的人手里可以创造很大的价值，在有的人手里却会成为罪恶的渊薮，这是因为前者能够驾驭和主宰金钱，而后者只会被金钱奴役，沉迷在金钱带来的麻痹感觉之中。真正成功的教育，是让女孩知道金钱的重要性，并学会合理消费和理财，不会为了钱而不择手段地去做很多不该做的事情。所谓君子爱财取之有道，只有从正确的渠道获取金钱，女孩才能够有效地提升生存的品质。

◇ **爸妈有话说：**

　　金钱从来不是人生终极的目标，只是帮助人们实现终极目标必不可少的一种物质、媒介。有钱当然可以让你生活得更好，但是如果生活中只剩下钱，你就会成为精神上的乞丐。只拥有金钱的人，从来不是富有的人，真正富有的人并不把金钱看在第一位，他们有充实的、高尚的灵魂，能够驾驭金钱，并且始终牢记初心。记住，虽然没有钱是万万不能的，没有钱会导致我们在生活中寸步难行，但是钱从来不是万能的，所以我们要适度追求金钱，也要合理消费和享受金钱。

孤独来袭，女孩要怎么办

　　很多女孩常常会感到孤独，虽然她们生活在热闹的家里，但是她们常常觉得自己与家人的关系非常疏远，也觉得自己与外部世界几乎扯不上什么联系。这到底是为什么呢？很多父母看到女孩孤独痛苦的样子时，总觉得女孩患上了严重的心理疾病，忙不迭地带着女孩去看心理医生。实际上，青春期女孩感到孤独的情况时有发生，父母最重要的不是带女孩去看心理医生，所谓心病还需心药医，对父母来说，最重要的是能够陪伴女孩，并打开女孩的心扉，真正走入女孩的内心。

　　很多父母都会发现，女孩在年幼的时候很愿意把所思所想与父母分享。例如，她们会主动告诉父母自己这段时间做了哪些事情，有什么样的感受，也常常在遇到难题的时候向父母求助。但是，到了青春期之后，女孩心中的秘密越来越多，对于很多为难的事情，她们并不想向父母求助，她想要守住内心的秘密，却又因为无力解决问题而感到万分痛苦。在这样矛盾的状态之下，她们非常渴望与他人进行交流，却又因为无法相信身边的人而陷入孤独的状态中。有些女孩甚至会产生与世隔绝的感觉。实际上这都是因为缺少沟通导致的。

小时候，女孩也许对父母、老师言听计从。但如今，她们有了自己的想法，所以常常质疑来自外界的意见，对于父母的唠叨和啰唆也常感到心烦不已。尽管这个阶段的孩子很渴望得到同龄人的理解，但是她们真正信任的同龄人和她们一样浑浑噩噩，根本没有办法从一定的高度指导她们。当她们处在这种状态下的时间久了，就会产生孤独感。

青少年的孤独是一种浅层次的孤独，尤其是青春期女孩，她们心思细腻、自信、内心非常倔强。随着自我意识的发展，她们越来越想让自己区别于外部世界，从而拥有独立的人生。但是，青春期女孩很容易陷入困惑之中，如果说孩子在一岁前后需要脱离母乳，那么对于青春期的女孩而言，她们也同样在经历断奶期。在这个阶段，她们要从心理上摆脱对父母的依恋，也要不断地提升和完善自己的能力，让自己做到独立面对世界。毫无疑问，对于青春期女孩而言，这是一个艰难的过程。

为了缓解青春期女孩的孤独，父母可以更多地陪伴女孩。需要注意的是，陪伴并不在于时间的长短，而在于质量的高低。很多父母不能真正理解女孩内心的所思所想而常常否定和批评女孩，但是这样反而事与愿违，会使得女孩更加关闭心扉，不愿意与父母沟通，让女孩倍感孤独。因此，父母不要否定和批评女孩，而是要对女孩进行积极的心理暗示。女孩之所以感受到孤独，实际上是一种心理状态的异常，因为她们正处于学习的阶段，正处于各种思想和观念形成时期，所以她们不会表现得特别固执。只要父母能把话说到女孩的心坎里去，女孩就会积极地采纳父母合理的建议。

面对孤独的女孩，有的时候父母不需要说太多，只需要默默地守候在女孩身边，给予女孩一个无声的拥抱，也许就能给女孩很大的力量。其实女孩需要的不是父母所谓的经验，也不是父母为她们提供更加合理的方案，而是希望能够得到父母的理解和包容。只有得到父母的支持，女孩才不会感到孤立无援、不知所措。

对于女孩来说，一味地从他人那里寻求帮助是很被动的。人生是漫长的，有些女孩的青春期会从十二三岁持续到二十岁，所以女孩除了要向父母寻求帮助之外，也应该学会自我排遣孤独的情绪。书籍是人类精神的食粮，也可以是女孩最好的朋友。在感到孤独的时候，女孩不妨打开书本，通过书本与伟大的哲人相互交流思想。这样一来，女孩的眼界会更加开阔，心胸也会更加宽广。读书不但可以让女孩拥有广博的知识，而且可以改善女孩的气质，帮助女孩形成良好的心理状态，从而让女孩真正变得强大起来。

◇ **爸妈有话说：**

不管你是襁褓之中的婴儿，还是蹒跚学步的幼儿，抑或是已经进入青春期的少女，任何时候，爸爸妈妈都愿意守候在你的身后，给你最强大的支持。我们会永远理解和包容你，也会在你需要的时候出现在你的身边。

第 08 章
不做自私鬼：女孩情商高就会人缘好

要想在人际交往中如鱼得水、游刃有余，女孩一定要拥有好人缘，能够建立和维护良好的人际关系。当然，要想做到这一点，只有高智商是远远不够的，还要有高情商。高情商的女孩不任性，不骄纵，也不自私自利。在人际关系之中，她们很善于站在他人的立场上思考问题，也很收敛自己的个性，这样的女孩能让自己在社交方面表现更加突出。

努力才有收获，这是亘古不变的道理

由于独生子女政策的推行，如今很多家庭里不但孩子是独生子女，连父母也是独生子女，这就形成了独特的"4-2-1"家庭结构，也就意味着有四个老人看着两个年轻人，然后他们六个人一起照顾唯一的孩子。在这种情况下，长辈和父母会把所有的爱和关注都投放到孩子身上，会无限度地满足孩子的一切要求，却忽略了对孩子的教育和引导。如此一来，孩子不可避免地成为整个家庭生活的中心。日子长了，孩子将误以为自己是宇宙的中心，变得更加任性骄纵。所以，父母一定要调整好心态，长辈和父母固然要给孩子最好的一切，但也要及时引导孩子，让孩子学会感恩，也学会为他人着想。唯有如此，孩子才能与父母、长辈建立良好的关系，并懂得如何回报。

父母要知道，总是把最好的都给孩子，让孩子不劳而获就能得到所有，这并不是一件好事情，这反而会导致孩子形成以自我为中心的错误想法。尤其是在孩子走出家庭、走上社会之后，在社会交往中，没有人会像父母一样对孩子言听计从，满足孩子的所有需求，更没有人会像父母一样宽容孩子，对孩子一切自私的表现都表示理解。既然如此，父母就要防患于未然，在孩子小时候就引导孩子学会分享，引导孩子主动向他人付出，这对于孩子将来建立和维护良好的人际关系是非常必要的。

豆豆刚刚三岁半，暑假过后，她开始读幼儿园小班。这是豆豆第一次离开家进入一个集体环境之中。和其他孩子一样，豆豆在初入幼儿园的一周时间里，几乎每天都会哭得撕心裂肺。看着妈妈离开，孩子们都误以为自己被妈妈抛弃了。直到一周之后，小朋友们渐渐习惯了去幼儿园，也知道妈妈会在放学的时候来到幼儿园接他们回家,痛苦的幼儿园生活才渐渐变成了快乐的幼儿园生活。他们一改当初哭哭啼啼的样子,高高兴兴地去幼儿园。

有一天,老师布置了一个任务,要求小朋友们次日带上最喜欢的玩具去幼儿园,和其他小朋友交换着玩耍。孩子们回到家后,都以稚嫩的声音告诉妈妈,自己要带玩具去幼儿园。老师也在班级群里发出通知,要求每个孩子都带一个玩具去幼儿园。每个家庭里都有很多玩具,所以爸爸妈妈便让孩子从中挑选出最喜欢的一个带去学校。次日上学的时候,教室里异常热闹,有的小朋友带来了电动小汽车,有的小朋友带来了喜欢的海马玩具,有的小朋友带来了毛绒玩具,还有的小朋友带来了小飞机。总而言之,教室里充满了各种各样的玩具,让人目不暇接。

上第一节课的时候,老师就让小朋友们拿出自己的玩具,还让每个小朋友用一句话来介绍自己的玩具。进行完这个程序之后,老师对小朋友们说:"接下来,请小朋友们和身边的小朋友交换玩具,这样每个人都可以玩到更多的玩具。"不料老师这句话说完之后,大多数小朋友都把玩具紧紧地抱在怀里,死死地不愿撒手。少部分无动于衷的孩子则是因为没有听明白老师的话,当老师演示给他们看,要求他们与其他小朋友交换玩具的时候,他们都哇哇大哭起来。看到这样的情形,老师哭笑不得。

幼儿园里为何会出现这样的情况呢?就是因为孩子们从小就在独占美食和玩具的环境中成长,他们的心中只有自己,所以他们只想满足自己的需求,而丝毫不在乎别人的感受。在这样的情况下,他们必然变得任性和自私,并在进入幼儿园的集体生活时表现出很大的不适应性。从孩子的行为表现中,我们可以发现父母在养育孩子的过程中都犯了一个同样的错误,那就是总是无限度地满足孩子,却丝毫没有引导孩子去付出。

非但很多孩子不懂得感恩,就连很多成人也不懂得感恩,他们对于生活总是满怀抱怨,对于父母对自己的付出也总是感到很不满足,索求无度。实际上，这样的抱怨只会使得他们生活的状态更加糟糕，并且无法让他们在生活中领会到生命的真善美。其实，很多事情都取决于心态，正如人们常说的，心若改变，世界也随之改变。这告诉我们，每个人只有主动地改变自己、改变对待这个世界的态度，才能得到命运积极的回馈。

有些父母认为让孩子学会付出为时尚早，因为孩子还很小，却不知道所有优秀的品质都是从小渐渐养成的，每个良好的行为习惯背后都需要漫长的时间去巩固。所以父母一定不要对孩子的教育掉以轻心，孩子学习成绩不好可以通过补习班等方式提高，但是如果孩子在品质上非常恶劣，想要扭转孩子的品质则很困难。从心理学的角度来讲，孩子三到六岁期间处于性格的"潮湿的水泥期"。所谓潮湿的水泥期，就是指孩子在三到六岁之间会形成人生百分之九十的性格。因此，在这个阶段里，父母对孩子进行性格的塑造是至关重要的，如果父母忽略了孩子的性格养成，那么等到孩子长大之后，父母再想纠正孩子的性格就会很难。

年幼的孩子不愿意分享，也许会使人感到好笑，但是，在不断地成长之后，如果孩子仍只知道索取，不知道付出，没有感恩之心，则会招人厌烦。因此，女孩一定要努力培养感恩之心，要相信这个世界上并不缺少美，也不缺少爱与温暖，如果女孩感受到的总是丑陋与冷漠，那是因为女孩的心总是向着自己，而忽略了别人。

◇ **爸妈有话说：**

这个世界上值得感恩的事情很多，尤其是对于父母，女孩更要怀着感恩之心。作为女孩，你最需要感恩和回报的对象就是父母，现在你还小，不能做出更多的事情，但是只要力所能及地回报父母，对于你来说就是巨大的进步。

女孩，大方社交不恐惧

近些年来，原本默默无闻的"宅"成为新晋的网络语言，很多人都喜欢用"宅"来形容自己，说自己是宅男宅女。那么，宅到底是什么意思呢？从本质上来说，宅就是房子的意思，而宅男宅女就是把自己封闭在家里的男生与女生。现代社会，生活节奏越来越快，工作压力越来越大，职场上的竞争也日益激烈，在辛苦的学习与工作之后，人们往往觉得精疲力竭，不愿意再走出家门和朋友一起玩乐，更不愿意费尽脑筋想自己应该说什么、怎么表现。他们更愿意独自留在家里，尽情地按照本心去生活，完全不用在乎别人说什么、想什么。

仅从表面看起来，宅是一个非常理想的状态。当一个人变成宅男或宅女时，他（她）就可以任性地做自己，而无须在外部的世界注重他人的眼光。实际上，宅并不是一种好的状态，因为长期留在家里，会缺乏与他人的交流，人们就会渐渐地恐惧正常的社交沟通，也会因此而患上严重的社交恐惧症。不得不说，这对于女孩发展人际关系、拥有好人缘是非常不利的。

自从进入小学高年级之后，妈妈发现丽丽从一个乐观开朗的女孩变成了一个非常内向文静的女孩。以前，丽丽每到休息的时候就喜欢去小区里找好朋友玩耍，但是现在丽丽只想一个人安静地待在家里。她会选择看书、看电视，在完成作业之后，也会抽出一些时间去玩游戏。看着丽丽怡然自得的样子，妈妈也乐得自在，她暗暗想道：你不愿意出门，还省得我担心了呢，这样我多轻松啊！

然而，过了一段时间之后，妈妈发现丽丽在与人交流的时候总是陷入困境，例如，她不知道如何更好地表达自己的所思所想，也常常因为讲话不得体而导致别人很不高兴。妈妈意识到丽丽的这种状态很不妙，这才着急起来。在咨询心理专家之后，听到心理专家称呼丽丽为宅女，妈妈不由得感到很郁闷。

此后的时间里，妈妈总是想方设法地吸引丽丽走出家门，哪怕丽丽为此而惹出麻烦，她也从不抱怨。但是，丽丽显然不喜欢与人交往，她更喜欢沉浸在自己的世界里。

现代社会，有很多宅男宅女，他们不愿意走出家门与人交往，因为他们认为和人打交道是一件非常辛苦的事情。他们更愿意留在自己的个人世界里感受轻松和愉悦，而不愿意为了取悦他人而绞尽脑汁、煞费苦心，更不愿意为了人际关系的问题而扰乱心绪。随着宅的时间越来越长，他们还会渐渐地患上社交恐惧症，从不愿意与人交往到害怕与人交往，至此，他们的内心状态就有了本质的改变。

人是群居动物，每个人都需要在人群之中生活，才能够实现自身的价值，才能建立良好的人际关系、与他人进行信息的沟通和互换。即使是女孩，也需要与同龄人相处，只有这样才能够发展人际相处能力，才能够为成长之后的社交生活铺垫基础。在发现女孩有社交恐惧症的表现之后，父母一定要引起足够的重视。在女孩表现出宅的特点时，父母就应该有意识地引导女孩走出家门，让她结识更多的人，收获更多的友谊。

◇ **爸妈有话说：**

你不可能永远生活在一个人的世界里，现代社会提倡分工和合作，所以你一定要学会与人相处。记住，你要想在这个世界上更好地生存，就需要具备很多方面的能力，并且要学会与不同的人打交道。也许你会遇到好相处的人，但是你更有可能会遇到不好相处的人，你必须自己想办法与不好相处的人搞好关系、融洽相处，这样才能够互惠互利、一起成长。

女孩，如何获得你的友谊

通常情况下，男孩更加倾向于暴力竞争，相比男孩，女孩之间的关系则显得更加平和。女孩更喜欢和同伴相互合作，彼此倾诉，所以女孩与女孩之间很容易就能建立友谊。在此基础上，女孩之间的友谊和男孩之间的友谊也呈现出截然不同的特点，如果说男孩之间的友谊是简单干脆的，那么女孩之间的友谊则是细腻缠绵的。女孩非常细腻敏感，朋友对待她们的态度有任何细微的变化，她们都会敏感地觉察到，并因此而引起情绪的波动。所以说，女孩的友谊具有女性的特点。女孩在彼此相处的过程中，一定要更加注意这样的心理和感情特点，有的放矢地经营好感情。

对于女孩来说，维护好一段友谊是不容易的，这是因为她们对自身的心理和情感状态不是很了解，对于朋友也无法做到非常体谅和宽容。要想经营好一段感情、获得真挚的友谊，首先，女孩要学会向朋友付出。遗憾的是，现代社会中大多数女孩都是独生女，她们不但得到了父母无微不至的关爱，也得到了长辈全心的照顾，所以往往十分任性，总是以自我为中心。在与朋友相处的过程中，如果女孩依然以自我为中心考虑问题而完全忽略对方的情绪和感受，这段友谊就会受到很大的伤害。其次，女孩还要学会宽容。毕竟，每个人都会犯错误，只有踩着错误的阶梯不断前进，人生才能变得更加完美。因此，女孩一定要宽容朋友，不要因为朋友无意犯下错误就对朋友敬而远之，或者对朋友肆意指责。所谓金无足赤，人无完人。每个人在成长的过程中都会犯各种各样的错误，女孩自身也是不完美的，既然如此，又何必苛求朋友一定要完美呢？

另外，一个人如果把自己关在家里，是不可能获得朋友的。女孩一定要走出家门，积极主动地结交更多的人，如此才能让自己拥有更多的朋友。在和朋友相处的时候，女孩还要注重沟通的方式与技巧。很多女孩说话尖酸刻薄，不知不觉之间就得罪了朋友，甚至因此失去了朋友。唯有怀着一颗宽容的心，真诚地与朋友交往，才能够得到朋友同样的馈赠。正如周华健的一首歌里所唱的，朋友一生一起走。在这个世界上，每个人都需要朋友的陪伴，有了朋友，人生才不会孤独寂寞，女孩也是如此。如果想要得到朋友，女孩就一定要友好地对待朋友，也要在与朋友相处的过程中更加用心地为朋友着想。记住，只有努力用心地付出，女孩才能够收获真正的友谊。

最近这段时间，莉莉感到非常苦恼，因为她唯一的好朋友欢欢总是对她不理不睬。莉莉不知道自己哪里做错了，又不好意思问欢欢，就这样，莉莉与欢欢的关系越来越疏远。

看到莉莉苦恼的样子，妈妈忍不住问莉莉："你怎么了？"莉莉向妈妈倾诉了自己的烦恼，并且在妈妈面前表示了对欢欢的质疑："欢欢一定是不想和我当朋友了，才会故意疏远我。既然如此，我也不想和她当朋友了。我可不想热脸贴冷屁股去问她到底是什么原因。"听到莉莉的话，妈妈语重心长地对莉莉说："莉莉，得到一个朋友并不容易，你们不但脾气相投，还志趣相合。因此，在相处的过程中，更要彼此宽容和体谅。我想欢欢不会无缘无故地疏远你，她一定有原因。你最好在这个关键的时刻表现出对欢欢的关心，温暖欢欢的心，这样你和欢欢之间的友谊才不会破裂。"在妈妈的建议下，莉莉决定主动出击。在和欢欢进行了一番深入的交流之后，莉莉得知欢欢的父母正在协议离婚，这才明白欢欢为何总是郁郁寡欢。此后的日子里，莉莉始终陪伴在欢欢的身边，也总是想方设法逗欢欢开心。虽然欢欢的父母还是无法挽回地离婚了，但是欢欢对莉莉说："我很庆幸有你这个朋友，谢谢你始终陪着我。"

女孩的心思很细腻，对于友谊的变化非常敏感，所以很容易在对方表现出疏远之后马上开始抱怨和质疑对方。实际上，每个人都会有自己的烦恼，我们不是他人肚子里的蛔虫，当然不可能知道他人到底在想什么。出于对朋友的关心，我们应该主动询问，了解朋友真正的情况，这样才能够打开朋友的心扉。

女孩的性格特点就是非常敏感细腻，因而可以及时觉察到异常。在感觉友谊有变化之后，不要一味地抱怨和指责他人，而是应该发挥女孩温柔细腻的优势，深入地了解变化背后的深层原因，从而做到关心他人，给予他人帮助。

正如莉莉妈妈所说的，得到一个朋友绝对不是一件简单的事情，每个人都要珍惜朋友，在友谊岌岌可危的时候想方设法地维护友谊，让友谊之树常青，这样双方才能成为一辈子的好朋友。

◇ 爸妈有话说：

爸爸妈妈希望你拥有更多的朋友，因为在漫长的人生之中，真正能够陪伴在你身边左右不离的，就是那些好朋友。你要记住，在和朋友相处的过程中不要总是任性，也不要总是肆意妄为。不管是做什么事情，还是做什么决定，都要尊重朋友，并且要了解朋友真实的想法，让沟通更加顺畅。唯有如此，你和朋友才能消除误会，才能够在人生的道路上彼此扶持和帮助。

好女孩绝不任性自私

在成长的过程中，孩子会经历三个叛逆期。第一个叛逆期出现在两岁前后，在这个阶段里，孩子的自我意识不断觉醒和发展，他们迫不及待地想要把自己与外部世界分离开来。第二个叛逆期出现在七岁前后，在这个时间段里，孩子更希望自己能够快速成长，从而脱离父母的照顾。第三个叛逆期是最让父母头疼的，它出现在十二到十八岁之间，叫作青春叛逆期。青春期的孩子原本就容易情绪冲动，常陷入喜怒无常的状态，再加上内心的叛逆，使得青春期的他们成为让父母焦虑的大难题。一提起青春叛逆期的孩子，很多父母总是紧皱眉头，似乎他们对于孩子的教育已经无计可施，也丝毫没有正确的思路对孩子展开教育。不得不说，处于青春叛逆期的孩子的确会让父母很头疼，父母只有找到正确的方法，才能够处理好与孩子之间的关系，才能够让亲子关系发展得更加和谐融洽。

和性格粗犷的男孩相比，女孩在青春期更容易陷入喜怒无常的状态，她们会因为一件小小的事情就欣喜若狂，也会因为一个小小的挫折就感到沮丧绝望。除此之外，青春期的女孩还会遭遇早恋的困扰。当喜欢一个人或者被一个人喜欢时，她们的情绪往往会更加不稳定，如同坐了过山车一样忽上忽下。面对这样的女孩，父母应该如何做才能让女孩情绪恢复平静，并尽量保持理性呢？

有一天，女孩因为和妈妈几句话不和，就生气地摔门而出。她冲动地跑出家门后，才发现自己穿着拖鞋，身上也没有带钱和手机。她感到很懊悔，但是为了面子她不愿意此时就回到家里面对妈妈，她担心妈妈因此而嘲笑她，因此她就一个人在街上游荡。

天色越来越晚，女孩又冷又饿，看到路边有一个馄饨摊，女孩情不自禁地走过去。摆摊的是一个非常和蔼的大妈，女孩对大妈说："大妈，我忘记带钱了，我可以先吃一碗馄饨，改天再送钱给你吗？"看到女孩眼睛红肿的样子，再看看女孩穿着拖鞋，大妈猜想女孩一定是和家里闹矛盾了，就对女孩说："没关系，吃吧，我马上就给你煮。"大妈煮了一大碗馄饨给女孩，女孩感激地看着大妈，忍不住掉下泪来。她对大妈说："大妈，你真好。"言罢，女孩狼吞虎咽地吃光馄饨并再三感谢大妈。大妈看到女孩吃饱，心情似乎也好起来后，对女孩说："我只给了你一碗馄饨吃，你就说我好。你是不是跟家人闹矛盾了？你要想一想，在你成长的这十几年时间里，家人给你做了多少好吃的，才把你养得又高又壮、漂漂亮亮的。就算家人说错了什么，你也应该知道家人是为了你好，对吗？快点回家吧，天色已经晚了，你的家人肯定非常担心。"在大妈的提醒下，女孩忍不住哭起来，她想到，自己生病的时候，是妈妈背着自己去医院，自己难受的时候，是妈妈整夜地陪着自己。不管什么时候，只要自己有需要，妈妈总是第一时间出现在身边。女孩再次谢过大妈，赶紧往家里走去。才刚走到家附近的小巷子口，她就看到妈妈熟悉的身影，原来，妈妈一直站在那里等着她回家呢！女孩飞奔过去扑到妈妈怀里，对妈妈说："妈妈，我爱你！"

越是亲近的人，越是容易互相伤害，这是因为亲近的人彼此了解，也彼此重视，所以一个人的一言一行都会牵动另一个人的心。女孩在进入青春期之后，情绪会时常陷入冲动之中，对此，女孩要有意识地控制好自己的情绪，不要和妈妈发生各种争执。正如事例中的女孩所领悟到的，妈妈是这个世界上最爱女孩的人，她所做的一切都是为了女孩好，十几年如一日地给女孩做美味的食物，只是想让女孩吃得更多一些，长得更加健康一点。既然如此，女孩还有什么理由在妈妈面前任性妄为呢？就算妈妈有什么错误，女孩也应该宽容妈妈，何况更多的时候，妈妈是在以过来人的身份指导女孩。只要女孩不带着情绪去与妈妈相处，就会发现妈妈说的其实很有道理。

作为父母，我们对待青春期的女孩和对待年幼的女童的态度应该是有所不同的。毕竟，在幼儿阶段，女孩会非常依赖妈妈，也愿意接受妈妈的意见。但是，进入青春期后，女孩不断成长，虽然在身材上看起来已经和妈妈很相似，但是她们内心还是非常稚嫩的。为了与女孩沟通，妈妈要尽量倾听女孩的倾诉，也要以尊重女孩的态度打开女孩的心扉。要知道，孩子虽然因为父母才能够来到这个世界上，但是他们并不是父母的附属品，也不是父母的私有物。父母唯有以尊重和平等的姿态对待女孩，才能够得到女孩的真心相对。在日常生活中，妈妈还应该引导女孩保持良好的情绪，这样女孩才能够保持心态稳定。若女孩常常因为一点点小事情就爆发激动的情绪，那么她们的自我控制力就会越来越弱。

◇ **爸妈有话说：**

孩子，你长大了，有自己的想法和主见。爸爸妈妈希望，当我们意见有分歧的时候，你能够认真地向爸妈倾诉，爸妈也会用心地倾听。只要沟通到位，我们一定能够彼此理解和宽容，也会找到最好的解决方法。记住，爸妈永远是爱你的，爸妈希望你幸福快乐，健康成长。

做你自己就好，不必伪装

在人生的每个阶段，孩子的成长表现都有其阶段性的特点。例如，在幼年阶段，孩子是天真活泼的；在儿童时期，孩子是富有活力的，并且对于外部的世界充满好奇。在青春期阶段，女孩青春洋溢，既有着纯洁的心思，也有着端正的人生态度。女孩无须想得太复杂，也不需要假装成熟。女孩只要表现出自己最本真的样子，就可以成就最好的自己。

有一些妈妈爱女心切，总是希望把女孩打扮得非常漂亮，殊不知很多成人风格的打扮并不适合女孩。妈妈在给女孩选购衣服的时候，要选购那些符合女孩年龄特点的衣服。例如，给青春期女孩选择衣服时一定要选棉质舒适、简洁大方的衣服，而不是那些非常时尚新颖的款式，否则就会在不知不觉间影响女孩的心态，导致女孩的内心变得浮躁，不能静下心来学习和成长，梦想着自己可以早点走向社会，展示自己的美丽。其实，青春期女孩的美丽是稚嫩的美丽，她们心智发育还不够成熟，也没有足够的能力保护自己，这种早熟的状态会使女孩受到社会上闲杂人等的引诱，让女孩不知不觉就上钩，导致女孩误入歧途。所以，妈妈即便爱女心切，也不要迫不及待地把女孩打扮成成熟的姿态。

很多女孩内心非常矛盾，她们一方面希望自己快快长大，另外一方面又希望自己永远也长不大。尤其是在现代社会竞争激烈的情况下，很多女孩都害怕长大之后不能够适应激烈竞争的社会，也担心独立生存会很艰难，因此会陷入进退两难的境遇——既想长大，又担心长大之后难以适应这个纷繁复杂的社会。其实，没有人能够阻挡女孩成长的脚步，不管是父母还是女孩，都要遵循人生历程的节奏，不断地成长和进步。

在与女孩相处的过程中，妈妈是对女孩影响最大的人，因而妈妈要成为女孩最好的榜样，不要在女孩面前抱怨人生、抱怨社会，只有让女孩对未来保持积极的态度，女孩才能健康快乐地成长。

每个女孩在成长过程中都会遇到各种各样的问题，与其逃避问题，不如勇敢面对。人生中，只有真正的强者才能驾驭自己的命运。妈妈要培养女孩独立思考的能力，引导女孩独自思考，在遇到问题时，让女孩依靠自身的力量去解决。也许女孩一开始做得不是很好，但是，只要循序渐进，每一次都有进步，她的生存能力会大大增强，最终成为生活的强者。

作为父母，我们不要过度地保护女孩，因为在过度的保护之下，女孩很容易与社会脱节。当她们从家庭的保护伞之下、从学校的象牙塔之中进入残酷的社会时，便会产生各种不适应的反应。实际上，女孩不应该生活在真空的环境中，而应该见识到社会生活的残酷和竞争的激烈，只有这样她们才能循序渐进地看清社会现实，才可以有意识地努力提升自己的思想认知和行为能力，从而更加适应社会。

父母即使把女孩当成温室中的花朵，也不可能保护和庇佑女孩一辈子。随着不断成长，女孩终究需要独自面对人生，与其等到女孩面对人生手足无措的时候再反思教育的缺失，不如现在就开始引导女孩勇敢地面对生活，这对于女孩的成长具有至关重要的意义。

好妈妈要及早
告诉女儿的事

◇ 爸妈有话说：

　　孩子，你长大了，但是你还没有真正成熟。你只需要做符合你年龄特点的事情就可以了，不需要迎合别人，也不需要为了得到别人的认可而故作成熟。记住，你最天然的样子，就是你最美好的样子。不管何种样子，在爸爸妈妈眼中，你永远是最优秀的。

第 09 章
坚持勤奋学习：要记住你在为自己学习

现代社会孩子学习的压力非常大，因为整个社会都处于激烈的竞争状态，所以父母常常会在不知不觉中把压力转嫁到孩子身上。为了保证孩子将来能获得更好的生活，父母不得不从起跑线抓起，甚至陷入教育焦虑的状态。在孩子很小的时候，父母就严重压缩孩子童年的时光，以便让孩子有更加充足的时间用在学习上。其实，如果孩子能够调整好心态，不抵触和排斥学习，而是把学习当成一件理所当然的事情，并从中感受到乐趣，那么他们就可以从厌恶学习的糟糕状态中摆脱出来，做到乐学好学。

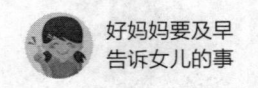

你要明白，你的学习是为了自己

近年来，很多父母都陷入教育焦虑的状态，他们对孩子寄予过高的期望、提出过高的要求，导致孩子在学习方面承受了巨大的压力。其实，父母这样的做法完全是本末倒置。对于孩子来说，学习有两种动力，一种是内部驱动力，一种是外部驱动力。那么，到底是外部驱动力对孩子的影响更加持久，还是内部驱动力对孩子的作用更加明显呢？显而易见，只有内部驱动力才能够给孩子提供源源不断的动力，让孩子在学习方面端正态度，有正确的思想认识。只有这样他们才能够努力向前，绝不懈怠。

父母不应以物质诱惑来激励女孩学习，否则就会导致女孩的内部驱动力渐渐消失，而不得不依靠外部驱动力来促使自己坚持学习。然而，学习是一个漫长的过程，甚至要花费一生的时间，女孩只有真正意识到学习的目的和意义，才能够在学习上更好地坚持和努力。

很多西方儿童教育专家都提出，不要对孩子的学习给予太多的物质和金钱奖励，否则就会导致孩子在学习方面过分依赖外部的刺激，而丧失了自身的动力。作为父母，我们对女孩的学习一定要怀有理性的认知，父母固然要及时激励孩子，但是也要注意不能总是给孩子太大的压力，更不能试图以各种外部的方式来刺激孩子坚持学习。要想让孩子拥有持久的学习动力、在学习上有更好的表现，就要激发孩子的内部驱动力。

为了督促婷婷学习，妈妈经常在婷婷取得好成绩之后给婷婷一定的物质奖励。有的时候，妈妈带婷婷去必胜客吃披萨；有的时候，妈妈给婷婷发一个大红包；有的时候，妈妈允许婷婷买一件心仪已久的礼物。在这样的情况下，婷

第 09 章
坚持勤奋学习：要记住你在为自己学习

婷对学习的积极性和热情都有所提升。然而，时间久了，婷婷的态度出现了一个问题。

有一天，婷婷在月考之中又获得了好成绩，她拿着成绩单回家给妈妈看。妈妈看完之后只是很高兴地夸奖婷婷："婷婷，真棒！学习成绩越来越好，将来一定能够考上名牌大学。"说完之后，妈妈就忙着做饭，婷婷却感到很不高兴，独自坐在沙发上生气。妈妈喊婷婷吃饭的时候，才发现婷婷脸色不对，因而纳闷地问婷婷："你这是怎么了？"婷婷对妈妈说："你还问我怎么了，你为什么不给我奖励呢？每次不是都是有奖励吗，我还想这次来一个iPad呢！"听到婷婷这么说，妈妈为难地说："这个月爸爸下岗了，家里的经济很紧张，妈妈暂时没有钱给你买礼物。而且你要知道，学习是你自己的事情啊，不是为了奖励才学的。"

婷婷马上对妈妈的话表示不认同："学习可不是我自己的事情，我就是为了让你们高兴才这么努力学习的，不然我干嘛要这么用功呢！既然没有礼物，那我以后在学习上可就不能保证取得好成绩了！"听了婷婷的话，妈妈感到很懊恼。

若父母总是给予孩子丰富的物质奖励，会导致孩子原本拥有的内部驱动力渐渐消失，而必须依靠外部的刺激才能继续前进。对于女孩而言，学习是自己的事情，是为了自己的成长和进步，从而拥有美好的未来。但是，当爸爸妈妈对她的学习慷慨地给予大量物质奖励时，孩子难免会觉得学习是为了取悦父母。

对于每个人而言，学习都是自己的事情，父母要想引导孩子拥有强烈的学习内驱力，就不要总是逼迫孩子学习，也不要总是以物质奖励的方式诱惑孩子学习。那父母要怎样引导孩子学习呢？首先，父母要帮助孩子端正学习的意识和态度，这样孩子才能积极主动地学习。其次，父母还应该给孩子创造更好的成长环境，在孩子取得优秀学习成绩的时候给予孩子精神上的奖励，这样孩

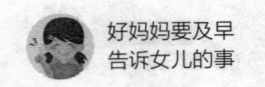

子才会保持内部驱动力。总而言之，孩子的学习目的应该是很纯粹的，学习动机也应该是非常正确端正的，作为父母，我们要告诉女孩学习对于她人生的意义，这样女孩才会更加热情地对待学习。

◇ 爸妈有话说：

孩子，学习是每个人都应该做的事情。从呱呱坠地开始，每个小小的生命就开始了学习的历程。即使有一天你大学毕业走向社会，成为一个真正意义上的社会人，也要坚持学习，只有这样你才能够适应瞬息万变的社会，才能以与时俱进的节奏不断成长和进步。

女孩要独立，掌握一定的知识和技能

在每个人唯有靠着真才实学才能为自己代言的时代，女孩也不再是无才便是德，而是要掌握知识，成为真正独立的女性，只有这样才有能力去追求属于自己的幸福，创造属于自己的充实而又精彩的人生。

每个孩子从呱呱坠地时就开始学习和模仿，对于孩子而言，模仿就是一种学习。通过模仿，孩子学会用手做各种灵活的动作。当然，随着不断地成长，孩子的学习绝不限于课堂上的知识，在日常生活中，孩子也依然要保持不断学习的好习惯。除了要阅读课本之外，孩子更应该扩大知识面，坚持在书籍的海洋里遨游，在生活中处处留心，让内心变得更加充实，让眼界变得更加开阔。

作为父母，在引导女孩学习的时候，千万不要误导女孩，不要让女孩错误地认为牢牢记住书本上的知识就能考出好成绩。课堂上的学习对于孩子的成长固然重要，但是，孩子的成长需要更多的养分，需要开阔的眼界来丰富心灵。

第09章
坚持勤奋学习：要记住你在为自己学习

果果一直以来都是爸爸妈妈眼中的乖乖女。每次提起果果，爸爸妈妈都会骄傲地向人介绍：果果非常勤奋，学习方面很省心，每次考试都能考全班第一。在学习的过程中，果果的确有很强的主动性，不需要爸爸妈妈反复督促。这样一来，爸爸妈妈就可以放心地做自己的事情，因为他们相信，果果会把该做的事情做好，也相信果果会在学习上有突出的表现。

周末妈妈要加班，所以把果果也带去单位。中午休息的时候，同事们都在讨论嫦娥四号升空的事情，这个时候果果突然困惑地问妈妈："妈妈，嫦娥不是神话中的人物吗？她根本不存在，怎么飞到月亮上去了呢？"听到果果的话，同事们都情不自禁地笑起来，妈妈马上给果果普及了一下航空航天的知识。这件事之后，妈妈才意识到，虽然果果的学习成绩很好，但是她的阅读量很小，从来不会主动关注社会上的事情。因此，妈妈开始有意识地引导果果关心身边的事、关心国家的新闻，并引导果果阅读更多课外书籍。

两耳不闻窗外事，一心只读圣贤书，这在现代社会是行不通的。每个人都是社会生活的一员，都应该关注自己身边的人和事，也要在资讯传递及时的情况下了解更多的新闻资讯。眼界开阔的女性会更加自信，与书香相伴的女性，在气质方面会有所不同，待人接物会更加得体、出众。

很多父母以为，如果女孩参加太多的课外活动，比如花费大量的时间来阅读课外书籍，一定会影响学习。实际上这样的想法是错的，对于女孩来说，阅读丰富的课外书籍可以让女孩的心灵更加充实，也可以让女孩的眼界更加开阔。要知道，女孩的学习绝不仅局限于学校的书本内容。要想成为独立的女性，女孩就一定要有自己的思想和灵魂。多读书可以让女孩足不出户就走遍世界，也可以让女孩博古通今，与伟大人物进行灵魂上的交流。在此过程中，女孩会更加独立自主，也将知道自己究竟想要怎样的生活。

现代社会要求每个人都要活到老学到老，保持端正的学习态度和良好习惯，随时随地学习。知识能够改变命运，对于女孩而言，这句话更有深刻的道理。尤其是在家庭生活中，一个有思想、有主见的女性，会对整个家庭的生活都产生巨大的影响，也会在子女教育方面作出杰出的贡献。

◇ **爸妈有话说：**

　　生活在现代社会是你的幸福，因为你有很多的书籍可以阅读，也有很多其他的途径来开阔眼界。记住，要想成为独立的女性，你必须自立自强，不要把希望寄托在他人的身上，而应通过自身的努力把自己的事情做到最好。

女孩学习，不能只为了考试

　　现代社会，几乎所有父母都陷入了教育焦虑的状态，每当提及孩子的学习成绩，孩子成绩好的家长会变得非常亢奋，扬扬得意地说起孩子考试在班级里排第几名，孩子成绩相对差一点的家长就变得非常悲观沮丧，觉得孩子学习不好都是他们的错，他们甚至在人面前都抬不起头来。实际上，父母这样的状态很不好，会给孩子带来负面的影响。学习成绩固然很重要，但它并非孩子成长唯一的标杆，毕竟孩子在学习方面的天赋是不同的。有的孩子天生就擅长学习，有的孩子却不管怎么努力也无法在学习方面取得出类拔萃的成绩。对于后者，父母一定要端正心态，接受孩子的天赋，而不是始终盼望孩子能够成为同龄人之中的佼佼者。

　　每当到了考试的时候，父母总是显得比孩子更加紧张，他们通宵达旦地盯着孩子复习，总是揪着一个错题给孩子反复讲解。在这样的情况下，孩子休息不好，变得越来越紧张，考试的时候发挥失常，导致考试成绩很差。面对孩子糟糕的成绩，父母难免会对孩子大发雷霆，孩子这时会觉得委屈和愤怒，这样一来，孩子与父母之间的关系就陷入恶性循环之中。作为父母，我们一定要对

第 09 章
坚持勤奋学习：要记住你在为自己学习

孩子的成绩持正确的态度，不要让孩子误以为父母只关心成绩，从而对父母关闭心扉。

很多父母一碰面就说起孩子的成绩，有的父母甚至对于孩子考第二名或者第三名的好成绩也感到不满足，希望孩子能够永远保持稳坐第一的成绩。实际上，这对于孩子而言往往很难实现，因为孩子的能力发展水平处于不断的变化之中，有的时候，孩子对于特定的知识内容掌握得好，就可以考取好成绩；有的时候，孩子对特定的知识内容掌握得不好，就难免会出现纰漏。所以，父母要学会接受孩子的成绩会在正常范围内波动的事实，而不要总是强求孩子考取第一。父母对孩子提出过于苛刻的要求会增加孩子的压力，导致孩子对考试心生畏惧。不得不说，这对于培养孩子的学习兴趣是极其不利的。

果果的学习成绩在班级里始终名列前茅，但是妈妈对于果果的成绩并不感到非常满意。在这次期中考试中，果果考取了全班第三的好成绩。她兴奋地拿着成绩单回家向妈妈报喜，而妈妈却很不满足地嗔怪："你只考了个第三，有什么好高兴的！你要是每次都能考第一，妈妈才以你为骄傲呢！"听了妈妈的话，原本神采奕奕的果果神情马上黯淡下来，她在心里说：妈妈每次都要求我考第一，简直是为难人！

后来，在考试之后，果果很少再把成绩单拿给妈妈看，只有妈妈主动向她要的时候，她才会把成绩单展示出来。对于妈妈表现出的不满，她也很少作出回应。有一次，果果真的考了第一，妈妈兴高采烈地表扬果果，果果却表现得很平静，她对妈妈说："我这次考了第一，你以后更会要求我每次都考第一，这简直是一场灾难！"

父母为什么喜欢孩子考第一呢？这是因为父母的虚荣心很强，希望孩子超过所有的同龄人。实际上，对于孩子来说，他们的人生才刚刚开始，他们的同学只是出现在他们生命中较早的竞争对手，而且同学之间的竞争并没有那么激烈。在孩子成人进入社会后，会面临更多强大的竞争对手，因而父母不应该着力培养孩子每次都要考第一的观念。如果孩子也和父母一样要求自己每次必须考第一，那么他们达不到要求时就会受到沉重的打击，导致自信全无。

女孩之所以要学习，并不只是为了考取第一。对于女孩而言，学会如何学习，掌握学习的方法，并学会如何应对艰巨的学习任务，这才是最重要的。人生是漫长的，目前的学习阶段只是人生的初步阶段，女孩未来还要面对更多人生之中的问题。即便是很多人都非常重视的高考，也并不能完全决定女孩的一生。

◇ 爸妈有话说：

考试只是人生路途上的一种经历。对于每个人而言，考试并不能决定人生和未来，在走入社会之后，每个人都要面临各种比考试更加残酷的竞争，这时候你就会发现，人不能当考试的奴隶，而要当学习的主宰者。

女孩，必须非常努力

常言道，笨鸟先飞。笨鸟为什么先飞？因为笨鸟知道自己很笨，为了让自己能够略微领先，有足够的差距去抵消落后于人的地方，它们不得不采取先发制人的方式去成长和进步。在学习的过程中，女孩也应该采取笨鸟先飞的方式，这样才能为自己赚取更大的优势，才能让自己在学习的过程中更加积极主动。

不可否认的是，这个世界上的确是有天才存在的，他们在学习方面有独特的天赋，因而往往能够在特殊的领域里取得惊人的成绩。但是这样的天才少之又少，大多数孩子都是普普通通的，他们的成就都需要靠一点一滴的努力才能争取来。换言之，就算是那些天赋异禀的孩子，如果在成长的过程中从来不努力，总是放松和懈怠，渐渐地，他们天才的光芒也会被磨灭，才华也会变得平庸。所以说，天才也必须非常努力，才能成就自己，否则就会变成庸才。而原本就很平凡的孩子，就更需要非常地努力，才能够让自己脱颖而出。

著名的科学家和发明大王爱迪生曾经说过，这个世界上并没有真正的天才，所谓的成功，是百分之九十九的汗水再加上百分之一的天赋才能够铸就的。由此可见，在成功的道路上，天赋只起很小部分的作用，而努力则起到绝大部分的作用。在学习的时候，女孩也许会感到非常吃力，此时千万不要放弃，因为这是每个人都会遇到的情况。这个世界上从来没有一蹴而就的成功，也没有天上掉馅饼的好事情，女孩只有认识到这个真理，才能够凭着坚持不懈的努力获得更大的进步。

坚持和毅力是每个人获得成功必须具备的品质，早在小学的语文课本上，我们就曾经读过"铁杵磨成针"的故事。诗仙李白小时候总是逃学，有一天，他逃学来到小溪边，看到有一个老奶奶正在拿着一根铁棒在打磨。李白困惑地问老奶奶："老奶奶，你在做什么？"老奶奶告诉他："我想把这根铁棒磨成一根绣花针！"李白惊讶极了："铁棒那么粗，绣花针那么细小，如何才能把铁棒变成绣花针呢？"老奶奶似乎看透了李白的心思，告诉李白："只要坚持下去，总有一天能把铁棒磨成绣花针！"这告诉我们，世界上很多伟大的奇迹都是通过坚持不懈的努力创造出来的。

心理学家经过研究发现，大多数人在先天的条件上并没有太大的区别，而有的人能够成就伟大的事业，有的人却总是与失败纠缠不休，就是因为他们面对挫折的态度截然不同。那些总是失败的人，一旦遭遇小小挫折就会放弃；而那些能够获得成功的人，在失败面前，总是能鼓起勇气不断尝试、坚持不懈，不到最后时刻绝不放弃。正是因为这样的精神，他们才能够获得成功。

伟大的发明家爱迪生在发明电灯的时候，为了找到合适的材料做灯丝，尝试了一千多种材料，进行了七千多次实验。有一次，在实验失败之后，助手感到非常沮丧："这样继续下去，哪一天才能找到合适的材料当灯丝呢？"爱迪生安慰助理："这次试验失败至少告诉我们哪一种材料不适合当灯丝。"得到了爱迪生的鼓励，助手鼓起勇气继续辅助爱迪生进行实验。最终，爱迪生发明了电灯，让整个人类世界都进入用电照明的新时代。

◇ 爸妈有话说：

没有人的成长是一蹴而就的。原本就才华平庸的女孩，更应该加倍努力去为人生增光添彩。实际上，与其说是天赋改变了命运，不如说是勤奋提升了人的天赋。生活中，很多人对于女孩的智力发育有一定的误解，他们觉得女孩在小学阶段会表现得更加出色，而等到初高中阶段，女孩就会逊色于男孩。实际上这样的差别并不存在，也没有证实的依据。和男孩相比，女孩甚至在某些方面有更加显著的优势，例如，女孩做事非常认真仔细。如果女孩能够发挥自身的优点，再加上勤奋好学的精神，一定会有杰出的表现。

妈妈告诉你，抄作业是自欺欺人的行为

很多父母都经历过，当孩子上了小学之后，整个家庭的生活变得鸡飞狗跳，这是因为父母把对孩子关注的重心都放在了学习上。因为望子成龙、望女成凤心切，所以父母根本无法有效调整心态，更无法以正确的方式帮助孩子。在这样的情况下，父母常常会陷入困境之中，总是感到无可奈何。

父母与孩子之间的矛盾，很多都是因为学习而起。除了考试成绩不好的原因之外，在日常生活中，父母常常因为孩子不能及时完成学校的作业、在完成作业的时候三心二意而导致作业的质量非常低的情况下与孩子发生争执和矛

第09章 坚持勤奋学习：要记住你在为自己学习

盾。但明智的父母会采取积极有效的方式给予孩子更好的指导，从而帮助孩子健康快乐地成长。

除了让孩子端正态度之外，父母要想让孩子全心全意、认真细致地完成作业，就应该给孩子留出充足的时间完成作业。现代社会，有很多父母都会不由分说地给孩子报很多课外班、兴趣班、特长班。奔波于这些课程，孩子基本没有属于自己的时间，就连完成学校作业的时间也被极度压缩，可想而知，在这种情况下，孩子作业完成的质量必然会很差。其实，父母这样的行为完全是本末倒置，因为对学龄阶段的孩子而言，学校教育才是根本，而给孩子报各种课外班，只是为了发展孩子的特长，父母不能够舍本逐末，将其作为取代学校教育的另一种教育方式。

随着年龄的不断增长，孩子也升入更高的年级，在这种情况下，他们会面临更加繁重的作业。为了应付这些作业，孩子不得不想出一些违规的方式，例如抄袭其他同学的作业。毕竟，当面对一道难度很大的题时，如果依靠自己去想出答案，往往需要大量时间；而如果抄别人的作业，也许只需要三五分钟的时间就能完成。毫无疑问，这样做会节省大量的时间，只是这样并不是对于学习该有的态度。当发现孩子抄袭作业的时候，父母难免大发雷霆，在这种情况下，父母要反思孩子出现这种情况的原因，而不要一味地责备和批评孩子。

从本质上而言，孩子想要通过抄作业的方式完成作业，至少说明孩子还是很看重作业的，也不希望因为作业没有完成而被老师和父母批评。这意味着孩子本心还是很积极的。那么，孩子为何要抄写作业呢？一则是因为孩子的能力不足以解决作业上的难题；二则是因为孩子的时间被大量剥夺，所以他们没有足够的时间去完成有一定难度的习题；三则是孩子也许已经习惯于依赖他人，养成了懒于动脑的坏习惯。总而言之，不管孩子出于哪种原因，父母一定要综合分析出孩子内心真实的状态，这样才能做到有的放矢，正确引导孩子。

父母一定要记住，在发现女孩抄作业的时候，不要马上就不分青红皂白

105

地惩罚女孩，因为，女孩作出一个错误的行为一定是有原因的。父母如果在忽略孩子心理状态的情况下盲目地惩罚和责骂孩子，就会导致孩子对学习更加厌恶。只有父母非常用心地帮助孩子解决问题，孩子才会在学习上有更好的表现。

◇ 爸妈有话说：

　　从本质上而言，抄作业是一种剽窃行为，是在窃取别人的思考成果和劳动成果。对于学生而言，抄作业还会导致思维处于松散懈怠的状态，这样根本不可能在学习上有所进步。你要知道，学习是自己的事情，每个人学到的知识终究属于自己。因此，你遇到不懂的地方，可以求助于老师，如果时间紧张，也可以向爸爸妈妈提出要求，如减少课外班的时间等，但不管哪种情况，千万不要抄袭别人的作业。

第 10 章
有爱心懂感恩：善良是女孩最大的财富

女孩一定要有感恩之心，感恩生命中得到的一切，并怀着善良和好意对待他人。唯有如此，女孩才能成为爱的传播使者，既主动付出爱，也能够收获爱，进而拥有幸福的人生。

好妈妈要及早
告诉女儿的事

女孩你只管努力做好你自己

因为怕孩子给自己添麻烦，也怕孩子做不好，很多父母都会情不自禁地全盘包揽孩子的一切事情。在小时候，孩子也许能力有限，必须依赖父母才能生活，但是，随着孩子不断地成长，他们各方面的能力都得以发展，有很多事情都可以自己做。即便对于孩子力所能及的事情，父母如果也总是全权包揽，在这样的过程中，孩子的能力发展就会很差，甚至出现能力退化的情况。实际上，父母是为了省事，也是自以为对孩子好，却不知道这是在害孩子，终会导致孩子缺乏自理能力，无法独立生活。

很多父母都想把女孩当成小公主去宠爱，但是父母再爱女孩也不可能永远陪伴在女孩身边，所以明智的父母不会总是为女孩包揽一切事情，而是会根据女孩能力的不断发展让女孩力所能及地去做很多事情。也许女孩一开始做得不够好，但是随着不断地成长，尝试的次数越来越多，女孩各个方面的能力就会逐渐增强，也会做得越来越好。因此，父母一定要相信孩子，也要更加器重孩子，这样孩子才能不断成长。尤其是女孩，她们将来要面对琐碎的生活，需要独立处理好很多事情，父母更要有意识地培养女孩的独立意识和独立能力，只有这样才能促使女孩茁壮健康地成长。

在女孩做力所能及的事情时，父母要及时认可女孩的表现，不要总是对女孩有过多的挑剔和苛责，否则就会打击女孩的自信心。常言道，好孩子都是夸出来的。如果父母总是否定和批评女孩，就会导致女孩畏手畏脚，不愿意去努力尝试；反之，如果父母总是认可和赞赏女孩，就能给予女孩自信心，让女孩在成长的过程中持续进步，有更好的表现。

第10章
有爱心懂感恩：善良是女孩最大的财富

作为父母，我们不要抱怨女孩什么事情都不会做，像个娇滴滴的公主一样。如果父母从小就把女孩当成公主养育，那么女孩必然在独立自主的能力上有所欠缺，无法独立生活。在长大成人之后，女孩只有具有独立生活的能力，才能够支撑起自己的人生，才能够在父母老去的时候照顾父母，否则父母又有谁可以依赖呢？很多妈妈都抱怨自己是天生的劳碌命，不但要伺候丈夫，还要伺候孩子，没有一天是闲着的。实际上，这不是因为妈妈的命不好，而是因为妈妈太过勤劳，所以在不知不觉之间就让家里人养成了衣来伸手、饭来张口的坏习惯。其实妈妈可以适度"懒惰"，不要全盘包揽家里所有的事情，有选择地放下手里的活，让家人分担一些家务。有的妈妈会羡慕别人家的爸爸什么都会做，实际上别人家的爸爸并不是天生什么都会做的，他们也曾经被他们的妈妈宠溺成一个四体不勤、五谷不分的人，结婚之后因为妻子儿女处处依赖他们，他们才勇敢地担起生活的责任，与家人共同支撑起一片天空。由此可见，不管是对丈夫还是对孩子，妈妈都应该适度"宠溺"。父母对女孩的爱一定要适度，尤其是在女孩不断成长之后，父母不妨"懒惰"一些，这样才能够给孩子更多的机会锻炼。

◇ **爸妈有话说：**

孩子，爸爸妈妈不可能永远跟在你的身边去照顾你。在小时候，你是爸爸妈妈的公主，我们对你无微不至，但是随着渐渐长大，你必然要离开爸爸妈妈的保护独自去面对纷繁复杂的世界。要想在社会上更好地生存，你就要提升自己的能力，去全力以赴地实现人生的价值。从现在开始，做自己力所能及的事情吧，你最终一定会成为人生的强者！

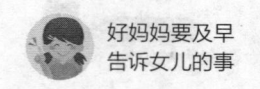

女孩，是你的责任就必须承担

现代社会，很多年轻人都没有责任意识，他们在做事情的时候总是站在自身的立场出发去考虑问题却很少主动考虑到他人的需求。不得不说，这样的年轻人不但独立生存能力很差，也无法在人际交往和社会生存中为自己赢得一席之地。

如今，很多家庭都只有一个孩子，父母总是情不自禁地把所有的爱与关注都投放到孩子身上。有的家庭是独特的"4-2-1"结构，即父母本身也是独生子女。可想而知在这种结构的家庭里，姥姥姥爷、爷爷奶奶也会把所有的爱倾注到唯一的孙辈身上。对于孙辈而言，他们从小就在优越的环境中成长，衣食无忧，根本不会考虑到他人。尤其是在家里他们处处依赖父母，不用对任何事情负责，当然没有责任意识，于是在犯了错误之后，也没有要主动承担责任的意识。

父母都觉得孩子还小，所以不会有意识地培养孩子的责任意识。实际上，要想让孩子长大成人之后能够勇敢地承担责任，父母就要从小开始提升孩子的责任感，唯有如此，孩子才能循序渐进变得越来越勇敢，成为人生真正的强者。

有一天，妈妈带着菲菲去商场里玩。菲菲从小就特别喜欢陶艺，也喜欢玻璃制品。在一家艺术品展厅里，菲菲目不转睛地看着那些五彩斑斓的玻璃制品和陶瓷制品，在沉醉于其中的时候，居然一不小心把身旁的一个玻璃雕塑碰倒了。菲菲受到了惊吓，赶紧看向妈妈，妈妈也看着菲菲，想看看菲菲作何反应。

沉默片刻，菲菲对妈妈说："妈妈，没有人看到。"妈妈感觉到了菲菲的紧张，问菲菲："那么，你想怎么做呢？"菲菲压低声音对妈妈说："既然没有人看到，我们就赶紧离开吧，这个东西一定很贵。"妈妈沉默了，菲菲继续说："快走吧，如果再不走，有人来看到我们就走不了了。"妈妈语重心长地对菲菲说:"菲菲,虽然没有人看到你把玻璃展品碰倒摔碎,但是你自己知道是你碰倒的,所以你必须承担起责任。"菲菲似乎想哭,说:"这一定很贵,我根本没有那么多钱赔偿。"妈妈安抚菲菲:"碰倒这个玻璃制品不光是你的责任,还因为妈妈没有对你尽到监护和提醒的义务,所以妈妈的责任比你更大。这个玻璃展品应该价值不菲,妈妈会出一大部分钱,你只出一小部分钱,你觉得呢?"但是菲菲还是很心疼自己的钱,所以她迟迟没有回应妈妈。

妈妈叫来工作人员,工作人员看到妈妈和菲菲主动承认错误并承担责任,在请示领导之后,对妈妈说:"领导说这个展品原本价值两千元,不过你们能够主动承担责任,没有逃避,领导非常感动,他说你们只需要赔偿两百元就可以。"听到这样的话,菲菲马上感谢工作人员,妈妈掏出两百元赔偿给工作人员,然后对菲菲说:"这两百元里面,你要出五十元钱,这对于我们而言是一个教训,它提醒我们,以后在观看展览的时候,虽然要全心投入,但是也要注意周围的环境。"菲菲立即答应。

回家的路上,妈妈委婉地教导菲菲:"菲菲,每个人都要勇敢地承担属于自己的责任,并且为自己的行为负责,不能因为别人没有看到就想要逃避责任。比如那些交通肇事者,他们就是因为别人没有看到所以逃逸,导致原本可以救援的伤者因错过了最佳的救援时间而失去了宝贵的生命。"听了妈妈的话菲菲陷入沉思,情不自禁地点着头,她觉得妈妈说的很有道理。良久,她对妈妈说:"妈妈放心吧,我以后会对自己的行为负责任的。"

妈妈说得很对,一个人的错误行为也许并没有被别人看到,但是他自己是知道的,所以他理应对自己的行为负责,而不是一找到机会就逃避责任。记得在网络上的一则新闻中,一个男孩骑自行车上学的路上不小心撞到了一辆停着的宝马车,把宝马的漆剐蹭掉了一小块。为此,男孩用作业本写了一张纸条夹在宝马的雨刮器上,上面写着自己的姓名、所在的学校和班级,表示愿意承担责任。宝马车主看到字条感动不已,因为根本没有人能够证明车漆是那个男孩儿撞掉的，如果他不承认，宝马车主只能自认倒霉。最后，对于这个勇敢的男孩，宝马车主不想追究责任，而是由衷地对男孩竖起了大拇指给男孩点赞。

这个世界上看似有很多的强者，但只有能够勇敢地承担自己的责任的人才是真正的强者。一个人唯有对自己的行为负责，能够承担起相应的责任，才是值得尊重的。当女孩能够主动承担自身责任时，她就会变得无比高大。

◇ 爸妈有话说：

每个人都会犯错，犯错并不可怕，犯错误之后逃避责任、推脱责任才是最怯懦的行为。勇敢地为自己的行为负责，勇敢地面对自己的心，你就是值得钦佩的。

重信义的女孩也要一诺千金

说话不算数，在很多亲子关系中都成为矛盾的由头和争吵的原因。这是因为很多父母在向孩子许诺的时候总是张口就来，说过之后又不能真正对孩子兑现承诺。长此以往，孩子对于父母所说的话就会失去信任，会认为父母是在欺骗他们。在这种情况下孩子当然会对父母表示质疑，与此同时父母在孩子心目中的权威性也会大大下降。

从家庭教育的角度来说，父母要想让女孩守信，自己首先要遵守对孩子的诺言，不能总是把答应过女孩的事情轻而易举地抛之脑后。有的时候，父母随随便便说的一句承诺，女孩就会牢牢地记在心里。等到女孩督促父母兑现诺言的时候，父母如果对女孩随便敷衍，这会给孩子做出一个极其糟糕的示范。众所周知，孩子的模仿能力和学习能力都是非常强的，父母每天都和女孩朝夕相处会对女孩产生巨大的影响力。教育专家提出，身教大于言传，这句话告诉我们，作为父母，与其唠唠叨叨地教育女孩，向女孩灌输各种理念和思想，不如有意识地为女孩树立积极的榜样，用言行举止切实影响女孩。

在中国古代，有一个叫曾子的人，他非常有才华而且很讲究诚信。即使是对于自己的孩子，他也总是坚持说到做到，从来不哄骗孩子。

有一天，曾子的妻子要和邻居一起去赶集，孩子也吵闹着要去。妻子着急出门，无奈只好随口哄骗孩子："你在家里乖乖等着，妈妈回来后咱们杀猪吃肉好不好？"在那个时候，普通人家一年里只有一次吃肉的机会，那就是过年。听说等妈妈回来就可以吃到香喷喷的猪肉，孩子受到诱惑，当即就答应了妈妈的请求。从妈妈出门之后，他就搬着凳子坐在家门口看着路口，直到日落西山，妈妈还没有回来。曾子回家的时候看到孩子坐在家门口，经过询问得知妻子允诺孩子杀猪吃肉，又看到妻子还没有回来，当即进入院子开始磨刀。

正在此时，妻子回到家里看到曾子在磨刀，妻子问："你在干嘛呢？"曾子回答："磨刀杀猪啊！"妻子不由得抱怨："你这个人怎么把哄孩子的话当真了呢！我不哄他杀猪吃肉，他就要跟我去赶集，那么远我怎么带他呢？"曾子一本正经地对妻子说："你既然跟孩子说出要杀猪吃肉的诺言就一定要兑现。否则你今天哄骗了孩子，将来孩子就会成为一个缺乏诚信的人，就无法立足于世。人无信则不立，如果孩子不能立足于世，将来还如何能够生存下来呢？"妻子觉得曾子的话很有道理，当即帮助曾子烧水。就这样，赶在天黑之前，他们把猪杀掉，炖了香喷喷的一大锅，全家人吃了一顿美味的猪肉，还分了很多给邻居吃呢！

曾子的话很有道理，对于孩子来说父母就是他们模仿的对象。如果父母在和孩子沟通的过程中总是把自己说过的话随随便便抛之脑后，那么孩子还如何信任父母，又如何从父母身上学到优秀的品质呢？

要想避免被孩子缠住要求兑现诺言，父母就要管好自己的嘴巴，不要一时冲动就随便给孩子许下不想兑现的承诺。作为父母，一旦把话对孩子说出口，我们就要努力对孩子兑现诺言,这样才能成为孩子心目中信守诺言的父母。

此外,在陪伴孩子成长的过程中,父母不要诱导孩子作出超出自身能力范围的承诺。因为当这个承诺超出孩子的能力范围时,孩子势必不能实现,而父母随随便便就代替孩子实现他们的诺言,孩子就会渐渐地不把承诺当一回事。总而言之,一诺千金,不管是说出承诺还是兑现承诺,父母和孩子都应该怀着慎重的态度。在引导孩子成长的过程中,父母最好引导孩子作出能够兑现的承诺,只有这样才能培养孩子信守诺言的好习惯。

◇ 爸妈有话说:

孩子并不是天生就会遵守诺言,而是在成长的过程中逐渐意识到诺言的分量,意识到肩膀上那沉甸甸的责任,从而积极主动地去兑现自己许下的诺言,在成长过程中才能够成为一个一诺千金的人。

女孩要知道,不是你的东西绝对不能拿

每一个孩子在一两岁时都处于无我的状态,他们把自己与外部世界看作是浑然一体的,不能把自己与外部世界区分开来。等到两三岁前后,孩子的自我意识越来越强烈,他们开始区分自己与外部世界。对于物权的归属他们也有了模糊概念。例如,三岁前后的孩子最喜欢说的话就是"我的我的我的",他们很擅长把一切喜欢的东西都"据为己有",这是因为他们对于物权归属还没有明确的概念。要想让孩子不拿别人的东西,就要引导孩子区分自己的东西、他人的东西,要告诉孩子有的东西是属于他人的,不能拿不属于自己的东西。

很多父母觉得孩子喜欢拿别人的东西是因为品质恶劣,其实不然,对于年

幼的孩子而言，这只是身体发育所处的特殊阶段导致的特殊行为，是完全正常的，与品质没有任何关系。父母要了解孩子的身心发展规律，这样才能有的放矢地引导孩子。要想避免孩子随便霸占别人的东西，就要让孩子区分哪些东西是自己的，哪些东西是别人的，建立明确的物权归属概念，只有这样才能够对孩子的成长起到积极的推动作用。

在过了三岁之后，如果孩子仍有随便拿别人东西的行为，就涉及到贪小便宜了。很多孩子一开始都有爱占便宜的思想，现在的很多成年人也有这样的思想。在教育和陪伴孩子的过程中，父母一定要以身作则给孩子做好榜样，否则孩子看到父母贪小便宜，也会受到父母的影响。

有一天，妈妈带子琪去菜市场买菜。子琪很喜欢去菜市场，因为菜市场里不但有新鲜的蔬菜，还有很多活蹦乱跳的鸡、鸭、鱼、鸽子等，子琪最喜欢看这些小动物。

带着子琪看完鸽子等活禽之后，妈妈就带着子琪一起去买菜。在一个摊位上，因为摊主忙着应付买菜的人，所以多找给了妈妈十元钱。妈妈当时着急回家也没有注意。回到家里，妈妈在检查钱包的时候才发现多了十元钱。妈妈当即要去菜市场把多的钱还给摊主。子琪不以为然地说："这是他主动给你的呀，又不是你偷的，我觉得不用还。"妈妈一本正经地对子琪说："虽然这个钱是他主动给妈妈的，但这钱并不是他应该给妈妈的，他只是因为忙于做生意所以才算错了账。从本质上来说这个钱是属于摊主的，妈妈如果把这个钱据为己有，就是品质的问题。"在妈妈的坚持下，子琪和妈妈一起回到菜市场，把钱还给了摊主。摊主对妈妈感激不已，连声夸赞妈妈是个好人。

走在路上，我们捡到贵重的物品应该怎么做呢？是将其据为己有，还是将其送到警察局，让警察叔叔负责找到它的失主？乍一听起来，这些东西是走在路上捡到的，并不是偷来的，所以应该可以据为己有，但是实际上这样的思想是不正确的。因为我们虽然不知道那些东西是属于谁的，但是知道它们一定不属于我们,既然如此,我们就应该做到物归原主。

有人说,父母是孩子的第一任老师,孩子是父母的镜子,这句话非常有道理。很多父母在日常生活中都很喜欢贪小便宜,这样一来父母的行为不知不觉中就会对孩子造成负面的影响,导致孩子在成长过程中也这样做。在发现孩子的言行举止出现问题的时候,父母先不要急于苛责孩子,而应该反思自身,看看自己有没有哪些地方做得不对,这样才能够更好地教养孩子。

要想培养出品质高尚的孩子,当发现孩子的行为举止中出现小瑕疵时,父母就一定不要随便纵容和包庇孩子。要知道虽然孩子的事看起来不值一提,但是如果父母总是对这些事情掉以轻心,无形中纵容孩子,就会导致孩子养成恶习。等到孩子长大成人之后,父母再想改掉孩子的这些恶习就会很难。常言道,小时偷针,大时偷金,虽然孩子小时候把别人的东西据为己有不是偷窃行为,但是如果有意识地占据别人的东西,那么就是严重的偷窃行为。父母要给孩子树立积极的榜样,也要引导孩子做出正确的举动。

孩子的成长是漫长的过程,孩子的心灵也很稚嫩,他们就如同一张白纸,需要在父母的引导下渐渐地给心灵着色。不管是父母还是女孩,对于成长都要有足够的耐心,也要有足够的坚持,这样才能避免在漫长的成长过程中误入歧途。

◇ **爸妈有话说:**

孩子,你一定要知道哪些东西是自己的,哪些东西是别人的。对于别人的东西,不管是别人在无意之中给我们的,还是我们偶然得到的,我们都不能够将其据为己有。只有分清楚东西是你的还是别人的,你才能够更有原则地生活,才能够心安理得地享受属于自己的东西。

女孩，绝不做欺负弱小的人

在教育孩子的过程中很多父母都会陷入误区，因为担心孩子会被别人欺负，他们就主张让孩子以武力解决问题，以暴力的方式与他人对抗。殊不知这样会把孩子引入歧途，导致孩子觉得拳头就是王道。实际上，在成长过程中孩子更应该心怀博爱，尤其是要保护弱者和小动物，只有这样孩子的心才会更加柔软，才会在成人之后避免以武力解决问题，始终保持理性和冷静。

在全世界范围内，对于好人和坏人都有明确的区分，虽然人的本性是非常复杂的，不能单纯以好坏来划定，但是好人是惩恶扬善的，坏人会欺负弱者。在教育女孩的过程中，父母要引导女孩心怀博爱，这样女孩才会帮助弱小，才能向他人传递自己的爱。

真正的强者，在面对弱小者时从来不会以自身的力量欺压弱者，更不会把自己的快乐建立在他人的痛苦之上。在人际交往中，一个人如果总是恃强凌弱，就容易被身边的人所唾弃，根本无法得到每个人的欢迎。所以，女孩既不要过于软弱，也不要欺负别人，而应该把握好强和弱之间的界限。

每个父母都希望孩子能够成为强者，既然如此，就不要给孩子作出反面示范。除了要教育孩子走正路、引导孩子形成正确的思想观念之外，父母还要避免在孩子面前表现出暴力的行为。很多父母对于孩子的教育都做得非常糟糕。例如，有些父母本身就崇尚暴力，不但经常与外人打架斗殴，夫妻之间也常常出口成脏、动手动脚。在这样的家庭氛围之中成长，女孩很难出淤泥而不染，往往很容易受到父母的负面影响。

所谓身教大于言传，父母一定要以实际的言行举止为孩子做出积极的榜样，而不要一边标榜自己的思想境界，一边又在孩子面前作出完全负面的示范。此外，在教育孩子的过程中，父母也不要总是苛责女孩，因为语言的伤害对于女孩稚嫩的心灵而言是一种软暴力，会导致女孩的内心受到伤害，从而产生逆反心理，对父母的话丝毫不放在心上。从心理学的角度来说，每个人都有超限效应，意思就是说，当外界的刺激超过心理承受的极限时，就会达到物极必反的效果。在教育孩子的过程中，父母也会不知不觉犯这样的错误，所以父母一定要时刻提醒自己避免超限，要把握好教育的限度。

要想让孩子充满爱心，父母还要给予孩子足够的爱。每个孩子从呱呱坠地开始就要在父母的照顾下成长，如果父母对孩子非常冷漠，就会让孩子的感情发展有所欠缺。例如，在现在的很多农村家庭里，父母都会外出打工，把孩子单独留在家里给爷爷奶奶照看。实际上，这对于孩子的成长是没有好处的。孩子与父母长期缺少亲密的互动，在成长过程中缺少父母的关爱，渐渐地，他们会以冷漠的态度去对待他人。正如意大利伟大的教育家蒙台梭利所说，爱与自由是父母给孩子最好的成长环境和礼物。因此每一个父母都应该承担起抚养孩子的责任，也应该为孩子创造良好的家庭氛围和环境。唯有如此，孩子才能身心健康地快乐成长。

◇ **爸妈有话说：**

父母的爱是孩子生命最好的养分，也许爸爸妈妈以前表现得不够爱你，或者爱你的方式不正确，接下来爸爸妈妈会努力改变自己，给你更好的爱。你也要努力上进，你要相信，你对他人付出爱，你就会得到人世间爱的回馈。

第 11 章
坦然面对成长问题：女孩，做不完美且真实的你

常言道，金无足赤，人无完人。在这个世界上，从来没有绝对完美的人。女孩也是如此。尽管女孩是真善美的化身，但是对于女孩而言，不完美也是必然的。女孩不要因为自身的瑕疵而影响心情，唯有健康成长，活得快乐，才能努力弥补自身的不完美，快速地成长。

嫉妒使美丽女孩面目全非

常言道，有人的地方就有江湖，而有江湖的地方就有无休无止的比较。很多人都喜欢与他人进行比较，这是因为他们内心深处缺乏自信，所以一旦受到他人的评价或非议，他们就无法保持淡定，于是奋不顾身地投身于比较之中，或者因为胜出而扬扬自得，或者因为在比较中显现出劣势而沮丧。不得不说，这样的人没有独立的内心，他们的人生很容易受到外部环境的影响。

女孩进入青春期之后，即将从儿童阶段走向成人阶段，当走过青春期这关键的几年之后，女孩才会真正地成熟。在此期间，女孩会出现很多的心理问题，情绪也会变得更加强烈。当女孩因为各种心理问题而受到困扰的时候，一定不要抱怨外部的环境，也不要对他人抱怨不休，而应该首先反思自己，从自身找原因，这样才能够有的放矢地解决问题。通常情况下，嫉妒情绪完全发自于内心，爱嫉妒的人看待别人的时候总是怀着偏见，当发现别人比自己强，就觉得别人会藐视自己。实际上，这都是他们臆想出来的，如果能够增强自信，淡然面对人生中的很多境遇，他们就会拥有更加成熟的人格。

嫉妒是人心里的毒瘤，不但会对他人造成伤害，也会对嫉妒者本身造成严重的伤害。要想彻底清除嫉妒，首先应该树立远大的理想，让人生有目标、有方向，并为了实现理想而坚持不懈地努力。爱嫉妒的人总是为一些不值一提的小事情而耿耿于怀，但其实在漫长的人生道路中，这些小事情根本无关紧要，就像沧海一粟。在辽阔浩渺的宇宙中，一个人甚至连一颗沙粒都算不上，既然如此，还有什么必要去妒忌呢？其次，如果感受到嫉妒的情绪，女孩还要客观中肯地评价自己。通常情况下，爱嫉妒的女孩总是拿自己的短处与他人的长处比较，这样一来，女孩毫无优势可言，于是就会陷入自卑沮丧的心境之中，自然会对他人产生更加强烈的嫉妒。其实，正确的比较方法是拿自己的今天和昨天比较。记住，每个人都是这个世界上独一无二的生命个体，人与人之间根本没有可比性，只要今天比昨天有所进步，就是值得赞赏的。

与其陷入嫉妒的情绪之中不能自拔，让嫉妒扰乱自己的心绪、打乱生活的节奏和规律，还不如摆脱嫉妒的情绪，积极地投入竞争之中。现代社会竞争非常激烈，不但成人世界里生存环境特别残酷，在孩子的世界里，学习上的竞争也是异常激烈。明智的女孩不会因为他人比自己优秀就陷入嫉妒之中，而是会努力激发自身的潜能，让自己在成长的过程中表现更加杰出。

很多人往往心胸狭隘，他们的眼睛只能看到眼前的一些利益，不能够看到更加长远的风景。实际上，与其妒忌别人的成功，不如更加积极努力地提升和完善自我；与其羡慕别人获得的优秀成就，不如让自己变得更加有所成就。与此同时，我们也要为别人的收获而喝彩，这样的做法不但表现出我们有气度，而且能够帮助他人，并获得他人的认可和赞许。当然，当进入到更加开阔的人生境界之中时，嫉妒的情绪就会烟消云散，我们也会更加积极努力地生活，更会向着人生更高的高度去奋斗。

很多女孩不但会嫉妒他人，也常常遭到他人的嫉妒，因为尺有所短，寸有所长，每个人都会有自己的优势和长处，也会有自己的缺点和不足。当成为别人嫉妒的目标时，女孩不要着急，而是应该反思自己，看看自己是否锋芒毕露。如果没有做得不当的地方，那么就如伟大的意大利诗人但丁所说，走自己的路，让别人说去吧！对于每个女孩来说，唯有成为最真实的自己，才是最大的成功。当然，有的时候女孩也会陷入他人别有用心的流言蜚语之中，在这种情况下，不要因为他人的目光和说法就马上乱了方寸，只有坚定不移地做好自己，女孩才能在成长的道路上坚定前行。

◇ 爸妈有话说：

　　嫉妒是人心里的毒瘤，爸爸妈妈希望你能够快乐地面对生活。每个人都有自己的优势和长处，你的身上也一定有值得别人赞美的地方。不管是内心产生对别人的嫉妒，还是不知不觉中成为别人嫉妒的对象，都不是一件让人感到愉快的事情。爸爸妈妈希望你能够不卑不亢、做好自己，不要因为别人随意的评价就迷失方向、大乱方寸。记住，你的人生你做主，你一定要活出独属于自己的精彩人生！

战胜自卑，你不比任何人差

　　青春期女孩的心理问题很多，除了嫉妒等负面情绪之外，她们还常常陷入自卑的情绪之中。心理学家指出，在青春期阶段，很多女孩都会被自卑感困扰。从人生的角度来看，青少年正处于意气风发的青葱岁月，原本应该充满信心、神采飞扬，为何会时常感到自卑呢？

　　自卑的人各有各的原因。通常情况下，青春期男孩更在乎身高，所以个子较矮的男孩，他们会因为自己在身高上没有优势而感到自卑。女孩和男孩截然不同，女孩除了追求好身材，还更在乎容貌、皮肤、学习成绩、家庭环境等。女孩自卑的原因更加复杂，情绪也更容易出现波动。

　　在女孩的青春期，父母要更加关注女孩的情绪状态，及时提醒女孩注意自身的情绪变化，只有这样女孩才能把握好心理状态，才能够及时感知情绪的动向，从而消除负面情绪，怀着积极的心态去面对生活。

　　自卑感在产生之后就会如同重感冒一样蔓延，不但对女孩的生活产生巨大的影响，而且会导致女孩的自我认可度越来越低，使得女孩处处自我否定，甚至在与人相处的过程中封闭自己、关闭心扉。可想而知，对于青春期女孩而言，长此以往，她们必然会对人生产生不切实际的幻想和抱怨，也会对未来感到非常沮丧。

作为父母，我们要教会女孩金无足赤、人无完人的道理，也要告诫女孩不要因为看到自己的长处就妄自尊大、扬扬得意，也不要因为看到自己的短处就感到非常自卑。女孩只有客观公正地认识自己、中肯地评价自己，才能够给予自己更好的未来。所谓天生我材必有用，女孩儿一定要认识到自身的价值，绽放出生命的精彩。女孩尤其需要注意的是，不要拿自己的缺点和别人的优点进行比较，因为这样的比较本身就是不公平的。对于自卑的女孩而言，这种不公平的比较更容易令她们陷入沮丧的情绪之中无法自拔。

正确的比较方式不是进行横向比较，而是进行纵向比较。例如，拿自己的现在与此前比较，看看今天的自己比昨天的自己是否有进步；也可以经常反思自己，看看自己是否弥补了缺点，有了更好的发展。总而言之，青春期女孩常常对自己缺乏正确的认知，父母要慎重评价女孩，因为当女孩自我认知能力不足的时候，她们往往会因为信赖父母而把父母对她们的评价作为自我评价。由此可见，父母在女孩面前一定要更加慎重，必须经过仔细的思考再对女孩发表评价，否则就会对女孩起到误导的作用。

要想消除自卑，女孩一定要有更强大的自信力，这样才能在遭遇坎坷挫折的时候不断激励自己努力奋进。所谓自信，体现在生活中的很多细节之中。有的女孩在课堂上从来不敢举手发言，甚至被老师点名站起来之后也依然不敢出声。虽然发言只是学习方面一个很小的细节，却能够一定程度上表现出女孩的勇气和信心。还有的女孩有强烈的嫉妒心理，每当看到别人更加优秀的表现时，她们心中嫉妒的毒瘤就会肆意生长。若女孩总是陷入对他人的嫉妒之中，她们就会更加被动，也会因此而情绪消沉。青春期的女孩一定要保持自信，这样才能坦然地接纳自己，才能从容地面对他人。

每个人都会有自己的优势所在，也会有自己不足的地方，只有客观中肯地认知和评价自己，只有坚持努力地进取，一点一滴地坚持进步，才能换取质的飞跃，才能够不断地提升和完善自己，成就更加完美的自己。女孩发现自己陷入自卑的情绪之中时，一定要想方设法振奋精神，这样才能让自己拥有无穷的动力。

◇ 爸妈有话说：

自信的女孩最美丽，你一定要努力发现自己的优点。你也许不是最美丽的，但你是最自信的；你也许不是最优秀的，但你是最与众不同的。总而言之，每个女孩都有自己的优势和长处，也有自己的缺点和不足，你既要看到自己的不足之处，也要看到自己的优势。唯有如此，你才能在成长的道路上更加自信，挺胸阔步努力向前。

远离抑郁，做阳光开朗的快乐女孩

近年来，抑郁症越来越频繁地出现在人们的视野之中。有些孩子因为患上抑郁症，在生活和学习方面都面临很大的困境和障碍。而有些成人因为抑郁症的侵扰萌生出轻生的念头，甚至做出轻生的举动。不得不说，抑郁症这种心理疾病，对人的情绪状态的影响是非常大的。

女孩进入青春期之后，因为身体内会分泌大量的雌性激素、孕激素等，情绪也会处于波动之中，更容易受到抑郁情绪的困扰。其实，抑郁在青少年的心理状态之中非常普通和常见。心理学家提出，人在一生之中有三个时期很容易受到抑郁症的侵扰，那就是在青春期末期、中年阶段和老年阶段。尤其是女性，在情绪方面更容易出现各种复杂的变化，因此，和男性相比，女性更有可能患上抑郁症。

　　作为父母，当发现女孩的情绪状态不同寻常时，我们不要觉得女孩是在耍小性子、任性妄为，而是应该思考女孩的抑郁情绪到底为何出现。人是情感动物，每个人在成长的过程中都会有各种各样的情绪。当人生不如意的时候，当遭遇坎坷挫折的时候，情绪变得抑郁是正常的。对于心理强大的人来说，他们很快就能够战胜抑郁情绪，通过自我调节而恢复自信和乐观；但是，对于生性悲观的人而言，一旦陷入抑郁的情绪之中无法自拔，就会郁郁寡欢，甚至因此严重影响正常生活。严重的抑郁症还会危及患者的生命，所以不管是父母还是女孩，对于抑郁症都要引起重视。

　　抑郁情绪不容易根治，这是因为人在生活学习的过程中难免会遇到各种各样的烦心事，而情绪就像是一个非常敏感的风向标，一旦人生有任何的不如意，情绪都会第一时间作出敏感的反应。父母一定要更加理性地对待女孩的抑郁情绪，这样才能够给予女孩更多的引导和帮助，并及时助力女孩摆脱负面情绪的困扰。

　　正常的抑郁情绪持续的时间比较短，经过自身的调节和外部环境的影响，抑郁的情绪很快会烟消云散。在医学上有一个标准，即一个人的抑郁情绪如果持续超过两个星期的时间，甚至达到数月数年的时间，那么就是典型的病理性抑郁症症状。病理性抑郁症会给人的生活、学习带来严重的负面影响，使人感到生无可恋，丧失生活的信心和勇气，甚至会使人在极端的情绪状态下做出冲动之举，最终导致生命的丧失。前段时间，有一个患有抑郁症的女性在景区的最高峰跳下山崖，并且留下一封遗书。遗书上说，她患有抑郁症却得不到任何安慰和开解。实际上，每个人都会有抑郁情绪，每个人也都应该更加关注抑郁情绪和抑郁症。

　　也许有人会说，那么多人都会遭遇人生的坎坷挫折，为何偏偏只有那一部分人会得抑郁症呢？其实，很多人对于抑郁症都缺乏了解，抑郁症患者并不想被抑郁情绪困扰，他们只是因为内心过于敏感，所以无法摆脱抑郁情绪而已。很多青春期女孩喜欢写日记，实际上日记就是表达内心、宣泄情绪的一种好方式。当郁郁寡欢的时候，写日记倾诉内心，这样一来，女孩的心情就能恢复平静。当然，除了写日记倾诉之外，女孩也可以向爸爸妈妈寻求帮助，或者通过运动的方式调动起积极的情绪。当然，若这些行为都无法控制抑郁情绪的蔓延，女孩就要求助于专业的心理医生，在必要的情况下还可以服用控制抑郁情绪的药物，这些都是非常有效的治疗方式。

在现实生活中，父母应该给予女孩更多积极的引导和帮助。很多父母常常在孩子面前说一些消极的话，这都会在无形中给予女孩负面的影响，甚至会导致女孩的人生观发生扭曲。人活着固然要经历很多痛苦的事情，但是在这个过程中所得到的快乐和幸福也是非常多的。对于人生，唯有怀着积极的态度，才能战胜那些艰难坎坷，最终迎来柳暗花明。

◇ 爸妈有话说：

孩子，人生不如意十之八九，每个人在生命的过程中都会遭遇各种不如意，最重要的在于采取怎样的态度面对生命。记住，没有人的一生是完全顺遂如意的，我们必须要有信心和勇气，才能够在与人生博弈的过程中获胜，才能够真正成为命运的主宰。

亲爱的女儿，你是最棒的

女孩若总是活在他人的目光之中，就会失去自我，因为哪怕别人随随便便发表一句评价或者给她一个异样的眼光，她内心就会感到惶惑，甚至对原本确信的事情也变得怀疑起来。尤其是青春期的女孩，她们正处于情绪敏感的时期，更容易因为他人的评价而迷失自我。要想让自己更加笃定从容，女孩就一定不要过于在乎他人的评价。正如但丁所说，走自己的路，让别人说去吧。女孩应该竭力地摆脱别人对自己的负面影响，如此才能做最真实的自己，才能够成就最优秀的自己。

一个人即使再怎么努力，也无法得到所有人的认可与赞赏，与其改变自己去迎合别人，不如做真实的自己，这样至少能够让自己忠于内心。如果因为他人的肆意评价就改变自己，非但不能得到他人的认可和赞赏，反而会在他人的指责声中迷失自我，可谓损失惨重。

现实生活中，总有一些人喜欢对他人发表评论，尤其喜欢对他人的言行举止指指点点，这是因为他们的素质太低，不懂得尊重他人，而并不意味着被肆意评价的人做得不够好。认识到这一点之后，青春期的女孩还愿意因为别人的随意指责而改变自己吗？

人生是一场旅行，最重要的不在于到达哪里，而在于在旅行过程中欣赏了哪些美景，有哪些独特的感悟。每个人对于人生都是毫无经验的，从新生命呱呱坠地开始，人生就在进行一场崭新的旅程。因为缺乏经验，每个人在人生的道路上都是在摸着石头过河。对于同一件事情，不同的人会有不同的感受，有的人觉得这件事情不值一提，有的人却觉得这件事情给自己带来了毁灭性的打击，其实事情本身并没有改变，而是当事人的心态发生了变化，所以感受也截然不同。

西方国家有一句谚语，条条大路通罗马。这句谚语的意思是，要想到达繁华的古罗马城，沿着任何一条道路去行走，最终一定能够到达。实际上，人生也是如此，人生的成功并没有一定之规，唯有在坚持前进的道路上决不放弃，才能够取得最终的胜利。古往今来，那些有所成就的人并不是因为他们有特殊的天赋，也不是因为他们得到了命运的眷顾，而是因为他们在面对坎坷和挫折的时候有坚韧不拔的精神，哪怕受到迎头打击也决不放弃，总是一如往常地付出辛苦和努力。尤其是在面对别人的质疑和非议的时候，他们总是坚持自己的想法，并不会因为他人随随便便的评价就改变初心，这是很重要的。从心理学的角度来看，他们很坚强也足够自信，所以才能在人生的路上奋勇向前，最终到达目的地。

◇ 爸妈有话说：

　　放眼世界，世上有太多优秀杰出的人，你虽然不是最优秀的那一个，但是我们无须去和他人比，只要和自己的昨天比起来有所进步、和自己的缺点比起来有所成长，我们就是最棒的。你一定要相信自己，这样才能够扬起自信的风帆，在人生的道路上乘风破浪地前进。

你为何不想上学

　　即使是众人瞩目的学霸，也不一定真心喜欢和热爱学习，这是因为孩子的天性就是崇尚自由、喜欢玩耍，所以父母不要总是强求孩子对于学习发自内心地喜爱。只要孩子能够发挥自制力，理性地接受学习，那么他就是非常优秀的。

　　回想成长中的各个阶段，在面对繁重的学习任务时，我们为人父母者一定也曾经产生过厌学的心理。孩子为什么会讨厌学习呢？其实，不仅孩子讨厌学习，身为成人的父母也并不一定真心地热爱学习，毕竟长期学习会让人感到枯燥乏味。面对沉重的课业负担孩子忍不住想要逃避，这是人之常情。因此，父母要激发孩子的内部驱动力，让孩子感受到学习的乐趣，这比一味地强求孩子坚持学习来得更有效。

　　当厌倦学习的情绪不断积累时，孩子还会出现拒绝上学的行为，这是因为他们觉得学习的压力太过沉重，他们无处逃避，为此他们必须采取非常规手段让自己暂时放松下来。当孩子不想上学的时候，父母又该如何做才能够正确引导孩子呢？尤其是面对敏感的女孩，父母更要讲究方式方法。很多父母会强迫孩子上学，记得网上有一张图，讲的是一个父亲居然把孩子绑在摩托车后座上，强行送孩子去上学。不得不说，这种强迫性的做法并不能让孩子真正爱上学习，反而会让孩子对学习产生更加可怕的体验。作为父母，我们要更理性地对待孩子的厌学心理，并帮助孩子真正意识到学习的重要性。前文说过，每个孩子在学习的过程中都有内部驱动力和外部驱动力，要想让孩子在学习上有更好的表现，且能够持久，就要激发孩子的内部驱动力，只有这样孩子才能发自内心地热爱学习。

父母还可以帮助女孩制订奋斗的目标，只有设立目标女孩在学习中才会有方向。需要注意的是，在制订目标的过程中要把握好度，不要把目标制订得过于远大，否则当女孩经过长久的努力却无法获得切实的收获时，她们会变得颓废和沮丧。在制订远大目标之后，父母可以帮助女孩对目标进行分解，将远大目标分解成为中期目标和短期目标，这样一来，女孩在努力实现短期目标之后就会获得鼓励和积极的力量。

女孩是需要鼓励和认可的，以往在女孩做得不够好时，父母总是批评和否定女孩，在如今的教育理念下，提倡认可和赞赏女孩也就是进行赏识教育。当然，赏识也不能过度，要讲究方式方法，只有这样才能真正对女孩起到激励的作用。

当女孩不想去上学时，父母正确的做法不是逼迫女孩上学，而是端正女孩对于学习的态度，帮助女孩树立正确的学习观念。如果女孩真的很排斥上学，那么不妨给女孩一段自由的时间，让女孩在享受自由的同时反思自己，思考自己应该怎么做。这比强制女孩去学校的效果会好得多。尤其是青春期的女孩，她们的自尊心非常强烈，情绪情感特别敏锐。如果父母对她们的处理方式不当，就会导致她们稚嫩的心灵受到伤害，所以一定要采取正确的方式和方法，只有这样才能够处理好女孩厌学的问题。

◇ **爸妈有话说：**

在这个世界上，每个人都有自己的责任和使命。作为孩子，你现在的主要任务就是学习。当然，因为能力的限制，很多事情你并不能处理好，所以需要寻求父母的帮助。其实，你有厌学的情绪是正常的，因为长期坚持学习是一件枯燥的事情，但是学习又会让你终生受益，所以你要学会从学习中寻找乐趣，从而做到发自内心地热爱学习。

第 12 章
青春期情窦初开：异性相处要保持合适距离

　　爱情是造物主赐予人类最美妙的礼物，随着不断成长，青春期的女孩情窦初开，渴望得到爱情，却又害怕爱情的痛苦折磨。对于她们而言，爱情是神秘的，充满了强大的吸引力。如何才能够在青春期性意识萌动的特殊阶段与异性保持合适的距离与关系呢？对于青春期女孩来说这是一个难题，也是必须解决好的问题。人生的道路很漫长，爱情绝不是一朝一夕的事情，而是关系到人生的重要大事，所以青春期女孩对待爱情一定要慎重，也要深刻理解爱情到底是什么，唯有如此才能够享受爱情的馈赠。

遭遇性骚扰，女孩如何保护自己

现代社会，性骚扰的情况时有发生，尤其是在人多拥挤的场合，女性更容易被别有用心的人骚扰。其实，对于青春期女孩来说，随着身体的不断成熟，理应提升警惕意识，只有这样才能够避免受到性骚扰的危害。

有些父母也许认为性骚扰距离女孩很远，毕竟如今处于法治时代。殊不知，性骚扰随时都有可能发生。对于年幼的女孩，父母要承担起保护的责任。对于年龄稍大的女孩，父母则要教会女孩如何保护自己。很多女孩并不知道怎样才叫性骚扰，因此，她们明明已经遭受了骚扰却毫不自知，还只是一味忍耐。实际上，性骚扰的概念非常广泛，除了动作上的骚扰之外，语言也可以对异性造成性骚扰，例如，一个人对异性评头论足，说一些不恭敬的话，甚至用语言挑逗异性，这些都属于性骚扰的范畴。为了防止被骚扰，女孩要对性骚扰者的概念有深刻全面的认知，并提升自我保护意识。

如果在公开场合遇到性骚扰，女孩可以大声呼救，给对方有力的反击。而如果在人少僻静的地方遇到性骚扰，则要视实际情况而决定怎么做。有的时候，那些进行性骚扰的人心理都是有一些变态的，如果受到性骚扰，就要判断对方是否内心扭曲、心理变态，再采取合适的对策。否则，一味地抵抗或者呼救，以不恰当的方式激怒了对方，则遭受的性骚扰严重程度就会升级。

女孩还要注意，不给坏人性骚扰的机会。很多女孩都喜欢过夜生活，她们每天深夜才回家，喜欢结伴去酒吧歌厅里玩耍。这些地方都是社会闲杂人等聚集的场所，青春期女孩应该远离这些地方，尤其是在夜深的时候，最好不要单独出门。哪怕是几个女生结伴而行，也不要在偏僻的地方逗留。

第12章
青春期情窦初开：异性相处要保持合适距离

有些女孩个性非常要强，在日常生活中很容易与父母发生矛盾。当不被父母理解的时候，她们就会赌气离家出走。殊不知离开家很容易，等到遇到危险追悔莫及的时候，想要回家却很难。在家以外的地方，有很多的危险因素，女孩一旦落入坏人的魔爪，根本没有机会回家。所以女孩一定要记住，不要因负气离家而步入险境。

时代发展快，很多坏人作案的手段也更加先进。女孩要切记，不要与陌生人进入封闭的空间，也不要因为乐于助人而给坏人可乘之机。此外，在很多农村地区，性骚扰其实是由熟悉的男性施展的，这是因为父母往往缺乏保护女孩的意识，对于周围的男性总是不加防范。

性骚扰不仅针对青春期女孩，如今心理变态者不乏其人，因此父母也要有意识地保护好年幼的女孩。之前有一篇报道，在北京一家幼儿园里，父母因为每天晚上下班的时间都很晚，所以会在幼儿园放学之后把女孩托付给幼儿园的保安代为看管。一开始，父母非常感激这个保安，每到逢年过节的时候，还会买一些礼物送给保安。直到有一天，女孩放学回家之后说自己的下体非常地疼，妈妈在检查女孩的下体之后瞬间崩溃。原来，年幼的女孩被保安性骚扰了。爸爸妈妈这时才知道，他们亲手把女儿推到了魔爪之中。不得不说这种情况的发生，与父母监管不力有着不可分割的关系。父母即使忙于工作，也不能忽略对女孩的监管，否则很容易导致女孩受到伤害。此外，父母还要有意识地培养女孩的安全意识，如果女孩有安全意识，在最初遭遇性骚扰之后，就会向父母倾诉。有安全意识的女孩，不允许外人触摸她们的胸部、阴部等隐私部位，一旦有人触犯她们，她们一定会马上告诉父母，这样就能够及时避免被骚扰的情况再次发生。

女孩在成长过程中一定要加倍小心，尤其是和男孩相比，女孩更容易遭受性骚扰，所以女孩不应该和除父亲以外的任何男性单独在一起，哪怕是亲属关系也不行。据很多受过性骚扰的女性回忆，她们小时候遭遇性骚扰大多数是由熟悉的人做出的，令人难以置信。

◇ 爸妈有话说：

　　当不幸遭到性骚扰之后，你一定要及时向父母求助。他们会给予你帮助，家永远是你可以依靠的港湾，父母永远是你最坚定不移的支持者。

　　性骚扰无处不在，这使你的成长面临很大的危机，不管是面对熟悉的男人还是陌生的男人，你都要有足够的警惕意识，不要与陌生的男性单独相处。甚至对于陌生的女性你也要保持警惕心理，这样才能保护好自己。

青春期与异性交往，自然大方也保持距离

　　在幼年阶段，女孩与异性之间是两小无猜的。她们与异性非常亲密，因为年幼的她们还没有形成性别的意识。随着不断地成长进入青春期之后，男孩与女孩从两小无猜到身心快速发育，彼此之间变得生疏起来。在此期间，女孩会经历排斥异性再到亲近异性的过程。

　　男女授受不亲，这是封建社会提出来的男女交往礼俗。在现代社会，虽然男孩与女孩是完全平等的，但是男孩女孩毕竟性别不同，在进入青春期之后还是要保持合适的距离，这样才能够避免引起对方的误解，才能够避免引起他人的非议。

　　尤其是在公开的场合，男孩与女孩之间应该保持怎样的距离才算适度，这是一个很难把握的问题。根据与异性之间亲近的程度不同，女孩对于与异性之间的关系也会有不同的理解。如果与异性刻意疏远，就会导致连朋友和同学也做不成；如果与异性过于亲近，就会被对方误解为对其有好感。只有把握好合适的度，并控制好彼此相处的距离，男孩与女孩才能够更好地相处，才能够拥

有更纯粹的友谊。

不仅青春期男孩和女孩之间需要保持距离，即使在普通的人际交往之中，人与人之间也要保持一定的距离，这样才能够让彼此都感到舒适。打个形象的比方，每个人都戴着气泡球，在这个气泡球的空间范围内，每个人都不希望被他人侵犯；而如果人与人之间太过于亲近，这个气泡球就会被他人刺破，会让人感到心理上的抗拒和不安全感。所以很多时候，人们并非故意要与他人疏远，而只是想在自己的私人空间之内自由自在地活动。这样不仅让人在生理上感到舒适，在精神上也会感到更加从容和坦然。

虽然物理上的距离并不能改变人们心理上的距离，但是彼此亲近的人总是愿意站得更近。相反，在面对陌生人的时候，物理距离就会自然拉开。这是因为，人只有在心理上接受对方时才愿意与对方亲近；反过来看，一个人如果与对方的心理距离没有达到亲密的程度，就不要总是与对方太过亲近，否则会令对方感到压抑和紧张。

青春期女孩在与异性交往的过程中会发现一个规律，即如果青春期女孩很愿意与某位异性亲密相处，那么则意味着她在心理上与对方也是很亲近的，反过来也同样成立。有的时候，女孩并不知道自己与某异性的交往已经逾越了适当距离的界限，这是因为与该异性的亲密接触让她们感到非常安全舒适，也就意味着她们对于该异性产生了好感。

通常情况下，大多数人都以为人的行为受到情绪的影响，但也有心理学家提出，一个人的行为会左右他的情绪。从这个角度而言，女孩在与异性接触的时候，要控制好物理上的距离，也要控制好心理上的距离，这样才能把握最佳的亲密程度。现代社会，有些年轻人不愿意和父母一起居住，但是他们又不愿意距离父母太远，所以有人提出了年轻人与父母应该维持一碗汤的距离，这样才能够与父母保持良好的关系，不至于疏远，也不至于太过亲近而侵犯彼此的生活空间。从这个角度来说，女孩与异性之间要保持适度的心理距离，更要保持适度的物理距离，这样才能够与异性建立最和谐的关系，才能够拥有纯粹的友谊。

很多女孩平日里就像假小子，从小就和男孩一起穿着开裆裤长大，随着不断地成长，她们的性别意识并没有成熟，所以她们依然与男孩打成一片。但是这样一来，当其他人看到女孩和男孩亲密无间的时候，未免感到很不适应，也会因此对女孩指手划脚，使得女孩与男孩的交往陷入被动的状态。女孩固然可以特立独行，但也要有意识地定位性别角色，这样才能做得更好。

◇ 爸妈有话说：

孩子，你长大了，不管你是否愿意当一个淑女，你都要记住你是女孩子。当然，你可以成为一个运动型女孩，像男孩一样活泼好动。但是，男女有别，随着不断地成长，你要渐渐学会准确定位自己的性别角色，只有这样才能在和异性相处的时候有更恰当的表现，并把与异性之间的友谊维持在最佳的温度。

女孩追星要适度，不可迷失自我

有一个女孩非常喜爱一位男名星，几乎达到了痴狂的程度。自从十六岁在电视屏幕上看到这位男名星，听到他极富魅力的歌声，女孩就无可挽回地爱上了他。为了追求他，她不但辍学，还花费父母微薄的退休金，四处追随名星的脚步。无论在哪里开演唱会，她就跑到哪里去看。渐渐地，原本就属于普通工薪阶层的家庭在经济上越来越困窘。有一次，为了去香港参加见面会，花了很多钱带着父母一起去了香港。然而，在这次见面会上，女孩并没有如愿以偿地见到喜爱的名星。父亲看到孩子这么痴狂的样子觉得无力承受，最终选择自杀。失去了父亲，女孩才意识到这些年来自己沉浸在对名星的狂热追求中给整个家庭带来了多么沉重的经济负担，也让双亲承受了多么大的绝望和无助。

青春期的女孩很容易陷入对偶像的疯狂追求和迷恋之中，这是因为偶像每次出现在影视剧中的时候，或者出现在公众面前的时候，总是表现出最完美的一面。因此，女孩就对偶像产生了错误的认知，认为偶像是没有任何缺点的，也觉得偶像就是她们最心仪的对象。尤其是青春期的女孩，她们正处于性意识的觉醒时期，对爱情的理解不够深刻，非常冲动。与此同时，女孩们还承受着巨大的学习压力，面临繁重的课业任务，为了让自己暂时从现实的沉重之中逃离出来，她们便把思想和感情寄托在偶像身上。不得不说，虽然偶像满足了青春期女孩对于爱情的想象和对于感情的寄托，但是盲目追星对于青春期女孩的成长而言是非常糟糕的。

对于青春期女孩来说，她们的确急需一个人生的榜样。所以，偶像的出现，对她们的成长原本应该是一件好事情，如果她们可以从偶像身上学习优点和长处，努力提升和完善自己，成长就会得到力量。但是，如果她们对偶像的崇拜和追求达到狂热的程度，那么成长就会受到阻碍和禁锢。

作为父母，我们要引导女孩理性追星，也要引导女孩以现实生活中的人作为榜样。有些女孩对偶像的感情比对父母的感情还深，这是因为父母只会骄纵和宠爱女孩，与女孩之间没有心与心的交流，也没有感情的共鸣，这直接导致女孩与父母的感情越来越淡漠，与父母的关系越来越疏远。

有人说，一千个人眼中就有一千个哈姆雷特。对于偶像，有的人疯狂迷恋，有的人却不愿意追随他们，甚至讨厌和唾弃他们。这样两种极端的感情都是没有必要产生的，因为偶像也是人，也有七情六欲，也有优势和弱点，只有用端正的态度看待偶像，女孩才能避免盲目追求偶像、迷失自我。

◇ 爸妈有话说：

你喜欢追求明星，这实际上是你对于真善美的追求，因为在你的心中这些明星就如他们塑造的影视剧形象一般光彩动人。实际上，荧幕上的形象只是偶像的一面，如果你真正喜欢一个明星，就应该深入了解他，知道他的喜怒哀乐，知道他的脾气秉性，知道他的优点和劣势。就像每个人都不可能十全十美一样，偶像也不是十全十美的，只有揭开偶像身上的神秘面纱，我们才能够更加走近偶像，才能够理性地对待偶像。

女孩，你知道网恋的危害吗

网络的普及和通讯技术的发展，使得青春期女孩的成长有了更大的交际空间，除了与身边的人交流之外，通过网络和通讯技术，女孩还可以与远在天边的人进行交流。这样一来，女孩当然有机会认识更多有思想的人，但是网络上的人鱼龙混杂，不乏有很多别有用心的人混迹于网络，试图对青春期女孩伸出魔爪。所以，青春期女孩要想保障自身的安全，不但要注意在生活中保护好自己，在网络上也要保持足够的警惕意识，只有这样才能避免受到网络黑手的伤害。

实际上，很多人使用的QQ、微信只是网络聊天的一种工具，对于那些熟悉和亲近的朋友来说，如果不能够面对面地交谈，使用这些工具进行交流是非常方便快捷的。遗憾的是，很多青春期女孩对于这些聊天工具的定位产生了偏差，她们觉得这些工具不但是聊天工具，而且是交友工具。她们整日沉迷于网络，希望在网络上找到心爱的白马王子，这显然是非常危险的思想。在网络上交流的时候，每个人都躲在屏幕后面，根本不会露出真正的面目，这就给了犯罪分子可乘之机，让犯罪分子有机会对女孩展开攻心术，实施诈骗，导致女孩遭遇危险、受到伤害。

　　随着电脑的普及，越来越多的青春期女孩开始在网络上流连忘返，或者在网络论坛不时地冒泡，或者在交友工具中通过随机抽取的方式为自己寻找朋友，还有的女孩会在婚恋网站上注册，为自己寻找白马王子。不得不说，尽管这些行为让女孩的生活半径扩大，但是其产生的效果实在难以评说。也许有的女孩运气好，的确会通过网络交到喜欢的朋友，但是这样的好运气并不是经常存在的。大多数女孩在网络上谈心的时候，往往会被犯罪分子利用，导致女孩陷入不该有的情绪旋涡之中。

　　在网络的掩盖下，人们很容易就能掩饰自己。例如，有些青春期女孩原本性格很内向，不好意思对他人说出心中真实的想法，在网络的掩饰下，她们往往能更加放心大胆地表达自己，甚至从一个内向的人变成一个健谈的人。由此可见，网络的迷惑性是很强的。网络就像是一个面具，让人可以随心所欲地变成自己想要的样子。有些男孩明明已经辍学，成为社会上的闲杂人等，却在网络上假装成高富帅，无形中就蒙蔽了青春期女孩。网络上真假难辨，青春期女孩心智发育不够成熟，人生经验也很匮乏，很难从复杂的网络环境中分辨出真假，也很难如愿以偿地拓展生活的半径。尤其是在网络上陷入恋爱状态时，青春期的女孩就更加危险，如今有很多女孩擅自与网友见面，都遭到不同程度的伤害，甚至失去宝贵的生命。这些事情的发生给我们敲响了警钟，在网络世界中女孩甚至比在现实世界中更加危险，只有擦亮眼睛，保持冷静，才能严实地保护好自己。

　　女孩千万别误以为网络是繁花似锦的地方，而应意识到网络在繁华的背面隐藏着很多看不见的黑洞。只要稍不小心，青春期女孩就会掉入这些黑洞之中，也会因此而遭到无法挽回的伤害。父母在引导青春期女孩成长的过程中，既要适度给青春期女孩机会去接触网络，又要告诉女孩网络上存在的各种陷阱和危险。只有提高女孩的警惕意识，让女孩正确适当地使用网络，才能够避免女孩受到网络恋情的伤害。当然，有些女孩之所以沉迷网络，是因为她们没有得到父母足够的爱与关注，心灵空虚，因此才想从网络世界里寻求安慰。不得不说，这样的表现与父母的教养方式有密切的关系。作为父母，我们一定要更加爱护女孩，要常常抽出时间来陪伴女孩，只有这样才能避免女孩在网络世界中误入歧途。

◇ 爸妈有话说：

　　网络上的爱情是不可信的，尤其是现代社会，有很多人都居心叵测。他们掩饰自己，在网络的面具之下改变真实模样，表现出一副完美的样子。所谓画虎画皮难画骨，知人知面不知心；又所谓路遥知马力，日久见人心。要想拥有真正的朋友，要想收获纯真的爱情，你一定要避开网络的陷阱。

第13章
谈论"性"并不可耻：女孩，这是你人生不可回避的问题

在传统的教育观念之中，父母根本不好意思对孩子进行性教育，每当提起关于性的话题时，父母也总是刻意回避。殊不知，这样的回避并不能阻挡孩子对性的好奇，哪怕父母再怎么不愿意提起性，孩子也始终需要学习与性相关的知识。与其等到孩子在成长过程中被伤害，还不如主动对孩子进行性知识的教育，只有这样孩子才能够对性有更深入的了解，才能够在成长过程中更好地保护自己。

接吻就会怀孕吗

成长到一定阶段后，女孩一定会对生命的延续产生好奇，这其实是人的本能。每个人都希望探索生命的来处，知道生命的去处。当女孩开始询问母亲关于生命现象的各种问题时，就意味着女孩的内心开始成熟。尤其是在进入青春期之后，女孩持续发育，身体在很多方面都会出现很大的变化，在此时期妈妈更要有的放矢地引导女孩了解性知识，帮助女孩知道月经的形成与生育之间的关系。只有这样女孩才能解开人体的奥秘，知道生命是通过怎样的方式延续的。

很多女孩误以为，爸爸妈妈只要睡在一张床上，就会生出一个小宝宝。其实当女孩有这种想法的时候，意味着她们还很幼稚。随着渐渐长大，女孩的月经初潮到来，她们对生命真相的探索又更进一步。借助于月经初潮的到来，妈妈最好告诉女孩女性是如何怀孕的，并向女孩解释月经的原理。这样一来，女孩就会知道在月经周期前后自己的身体发生了怎样的变化，也会知道自己从此之后具有了生育的能力，可以进行生命的延续。

一个新生命的诞生，需要具备两个方面的因素，一个是妈妈的卵子，还有一个是爸爸的精子。卵子和精子在它们的鹊桥——输卵管内相遇，彼此结合，形成一个受精卵。此后，受精卵进入妈妈的子宫，扎根下来，形成一个胚胎。妈妈的子宫就像沃土，受精卵在上面生根发芽，慢慢成长。经过近十个月的漫长生长周期，受精卵成长为一个成熟的宝宝，才到了瓜熟蒂落的时刻。简而言之，妈妈必须经过三个步骤，才能够成功受孕。第一步是排卵，第二步是受精，第三步是受精卵在子宫内扎根，不断地分裂成长。只有在进行完最后一步

第13章
谈论"性"并不可耻：女孩，这是你人生不可回避的问题

之后，这个新生命才算真正诞生，才意味着受孕成功。孕育新生命的过程中，妈妈非常辛苦。为了让新生命健康成长，妈妈不但要忍受身体内激素的变化带来的痛苦，还要努力摄入充足的营养，保证新生命健康茁壮地成长。

琪琪已经读初二了，最近她向喜欢的男孩表白，正好那个男孩也非常喜欢她，所以他们一拍即合成为了一对热恋中的情侣。

以前，琪琪总是盼望着周末的到来，因为这样她就可以在家休息，不用去学校上学。但是自从恋爱之后，琪琪再也不想过周末，因为一到周末她就看不到喜欢的男孩了。有一个周末，男孩主动邀请琪琪看电影，琪琪答应了。到了约定的时间，琪琪找了个借口溜出家门，和男孩手拉手一起去看电影。在电影院黑暗的环境中，看着激动人心的爱情情节，男孩忍不住亲吻了琪琪，琪琪却感到很害怕，电影都没有看完就跑回家里。

看着琪琪失魂落魄的样子，妈妈不知道发生了什么事情，赶紧询问琪琪。琪琪紧张地问妈妈："妈妈，男人和女人只要接吻，就会生出孩子来吗？"听到琪琪的话，妈妈忍不住笑起来。妈妈告诉琪琪："男人和女人接吻并不会生孩子，只有生殖器官的接触，让精子和卵子相互结合后形成受精卵，才会生孩子。"琪琪悬着的心这才放下来，看到琪琪如释重负的样子，妈妈似乎明白了琪琪经历了什么。她对琪琪说："琪琪，青春期的男孩和女孩会有性冲动，所以在彼此有好感的情况下，应该避免肢体的接触，否则就可能做出不该做的事，给彼此的身体带来很大的伤害。青春期可以恋爱，但是青春期的爱情应该是更理性的，以帮助彼此、鼓励彼此、一起进步和成长为主，这样的恋爱才是对成长有益的。"听完妈妈的话，琪琪红着脸点了点头。

很多女孩都缺乏性教育，以为只要互相亲吻就会生出孩子来，虽然这样的想法幼稚得可笑，但是也正暴露出父母对于女孩性教育的缺失。性是彼此相爱的人之间表达爱意的一种方式，也是他们进行身体、灵魂相融合的方式之一。所以性应该建立在彼此真爱的基础上，而不应该是基于冲动，更不应该是基

于其他的原因。青春期女孩儿把爱情看得至高无上，那么也要把性看得更加重要，这样才能够在真正寻找到爱情的时候尽情地绽放自己。

◇ 爸妈有话说：

　　接吻不会令你生出孩子，但是，当你处于恋爱的状态之中时，一定要把握好底线，不要因为性的意识萌动就做出在这个年纪不该做的事情。有些事情一旦做出，就会给自己带来伤害。你还小，应该以学业为重，可以默默地喜欢一个人，但不要过于着急地投入爱情之中。

妈妈告诉你什么是处女

　　在各种书籍、影视剧，或者是在现实生活的沟通之中，经常有人会提起"处女"这个词语。那么，处女到底是什么意思呢？处女膜又是什么呢？如果女孩经常听到这个词语，却不知道这个词语的意思，那么就会对此感到更加好奇。与其让女孩独自去猜测处女的意思，不如对女孩儿进行性知识教育，让女孩了解处女的含义，从而更加理性地对待爱情，把握好与异性相处的限度。

　　处女指的就是从没有与异性发生过性行为的女孩。处女膜是女性阴道口的一层组织膜，一般情况下，如果女孩与异性发生性行为，处女膜就会破裂。有的女孩在处女膜破裂的时候会有出血，有的女孩即使处女膜破裂，也不会出血。因此，第一次性行为是否出血，并不能验证女孩是否处女。其实，处女是来自于封建社会思想的一种称呼，用来代表女孩的贞洁。现代社会，思想观念更加开明，女孩是否是处女并不意味着这个女孩是否贞洁。实际上，在成人的社会里，很多情侣为了验证彼此是否合适，经常会在婚前发生性行为。虽然婚前性行为可能会给他们带来很大的危害，但是这样亲密的接触也让他们更加了解对方。当然，婚前性行为是不提倡的，没有婚姻的约束，情侣之间的关系并不十分牢固。尤其是对于青春期女孩来说，心智发育不成熟，人生经验也很匮乏，在与异性相处的时候，常常会因为冲动而做出过激的举动。

从人体器官的角度来说，处女膜绝不是贞洁的代表。女孩的生殖系统比较脆弱，阴道黏膜的酸度也很低，所以无法有效抑制外部细菌的入侵，因而少女的处女膜比较厚，能够对女性的生殖系统起到非常好的保护作用。青春期之后，女孩的生殖系统发育不断成熟，女孩体内的雌激素越来越多，这个时候女孩阴道的抵抗能力大大增强，处女膜对于阴道的保护作用也渐渐变小。除了性行为会导致处女膜破裂之外，激烈运动也会导致处女膜破裂。

在封建思想的影响下，很多人认为，一旦处女膜破裂，就意味着女孩失去了贞洁，实际上这是错误的。女孩是否贞洁，与处女膜是否破裂没有必然的关系，因为处女膜破裂的原因有很多，例如剧烈运动、使用卫生棉条、遭遇性侵等。也有一些女孩在年幼的时候不懂事，无意识地把异物塞入阴道，同样会导致处女膜破裂。所以说，现代社会的女孩无须因为处女膜破裂而背负沉重的精神负担。不过，为了自身的健康，女孩还是应该保护好处女膜，这样才能保证阴道的干净整洁，才能保证生殖系统的健康。

◇ **爸妈有话说：**

孩子，处女膜是人体的性器官之一，是一张随着不断成长变得越来越薄的膜。小时候，处女膜对于阴道会有很好的保护作用，在成长的过程中，你也许一不小心就会破坏处女膜。你应该尽力保护好它，同时洁身自好，让自己健康地成长。

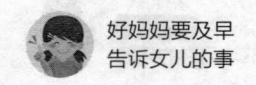

女孩产生性幻想，很可耻吗

青春期中，不仅男孩会出现性幻想的行为，女孩也会出现性幻想的行为。对于女孩来说，当关于性的情形反复出现在脑海之中时，她们会认为这些关于性的幻想都是道德堕落的表现，因而产生罪恶感。实际上，从青春期成长发育的角度来说，出现性幻想完全是正常的，女孩无须过于紧张，也不要因此就否定和批判自己。

新生命呱呱坠地之后，性腺始终处于沉睡的状态，所以孩子在婴儿阶段、幼年阶段从来不会产生性幻想。随着不断地成长，孩子身体的各个器官都得以发育，所以他们的性腺也开始发育并渐渐趋于成熟。尤其是进入青春期，青春期女孩的身体内分泌出大量的性激素，在激素的强烈作用下，她们就会产生性意识的萌动，对性充满了好奇和渴望，忍不住开始想象和虚构一些关于性的内容。

现代社会，信息传递的速度很快，信息量非常大。不管是通过书籍，还是通过网络，或者是通过电视节目，女孩都会接触一些关于性的知识。再加上性冲动的萌发，女孩会情不自禁地出现性的需求和性的心理反应。有的时候，女孩会在脑海中幻想各种关于性的情景，把那些自己从各个途径中看到的性镜头进行深入加工。如果有爱慕和喜欢的人，女孩还会情不自禁地让那个人成为性幻想的主角，幻想的情形很像女孩儿自编自导的一场爱情大戏，而且是以性为主的。需要注意的是，性幻想是指人在清醒的状态下对自己目前无法真正做到的性行为展开的想象，所以性幻想与女孩夜晚睡熟之后做的关于性的梦截然不同。

在性意识的萌动之下，很多青春期女孩对性的幻想总是无法控制，其实这是青春期的一种本能，也是人的一种本能。当然，即便性幻想是正常的生理反应和心理现象，女孩依然不能放任自己沉迷于其中，毕竟青春期是人生之中最宝贵的时期，是学习和成长的关键阶段。父母更要有意识地转移青春期女孩的注意力，从而让女孩把时间和精力更多地用于做有意义的事情，这样一来，就可以把女孩的注意力从性幻想之中转移出来。

通常情况下，如果接触到很多关于性的书籍、图片等，往往会导致女孩的性幻想更加严重。要想控制好自己不进行性幻想，女孩就应该避免接触过多描写性的内容。如果觉得精力太过旺盛却无处发泄，可以与同学、朋友等一起去参加丰富多彩的课余活动，诸如爬山、郊游等。当发泄完多余的精力，女孩就可以在夜晚的时候拥有一个好睡眠。当然，如果性幻想非常严重，已经影响到女孩正常的生活和学习，那么女孩也可以向父母或者是其他长辈求助，从而得到有效的帮助。不得不说，过度的性幻想是一种心理疾病，所以女孩也不妨求助于心理医生，在心理医生的疏导之下学会控制自己的幻想。

最近这段时间，琪琪的脑子里总是充满了性幻想，有的时候正在上课呢，她就开始走神。琪琪非常喜欢班级里的一个男生，那个男生就坐在她的前面，所以琪琪常常盯着男生的背影出神，沉浸在那些让自己脸红心跳的幻想之中。有一天，琪琪正沉浸在幻想中，突然老师喊她起来回答问题，她站起来一声不吭，尴尬极了。琪琪甚至觉得老师已经看穿了她的心思，此后一直低着头看书。

不得不说，性幻想给琪琪的学习和生活带来了很大的负面影响。为了减少性幻想的次数，琪琪应该尽量避免看那些关于性的书籍、画册等，这样才能够远离性幻想。对于喜欢的男孩，琪琪也应尽量不去想入非非，尤其是在课堂上，一定要集中精力听老师讲课，只要成功地转移注意力，性幻想自然会有所减弱。

从人类大脑活动的特点来看，一个人在同一个时间点只能对一件事情全神贯注，所以当沉迷于性幻想的时候，女孩要积极地转移注意力，关注其他的事情。这样一来，性幻想就会渐渐消失。

◇ 爸妈有话说：

青春期出现性幻想是正常的生理反应，也是人的本能之一。只要你能够积极地转移注意力，采取合适的方式释放多余的精力，渐渐地，你就会从性幻想之中摆脱出来，恢复从前的简单快乐。

避孕套的作用与用法

当青春期女孩有了月经初潮，这就意味着她们开始有成熟的卵子排出，也意味着她们具备了生育的能力，可以延续生命。父母面对走向成熟的女儿一定会感到非常欣慰，也会感到担忧，因为他们害怕女儿会受到伤害。其实，不管父母是担心还是回避，都不能阻挡女孩渐渐成长的脚步，父母一定要积极主动地教给女孩一些避孕的知识，让女孩了解生育的原理，从而合理有效地保护自己。

在现代社会，使用最为广泛的避孕工具就是避孕套。避孕套不但能够避免女孩在性行为之中怀孕，还可以阻断与异性的生殖器官发生直接接触，预防艾滋病的发生。所以正确使用避孕套对于保护女孩来说是非常重要的。

避孕套是一种非常薄的橡胶制品，在性行为发生之前，男性将其套在阴茎部位，这样一来，男性与女性的生殖器官就不会发生直接接触。在性活动过程中，男性的精子不会进入女性的体内，女性自然不会怀孕。此外，因为性器官的隔离，也会使男性和女性之间的生殖器官卫生状况更好，从而降低艾滋病、性病等各种疾病的传播概率。

使用避孕套要掌握正确的方法，一旦方法不正确，就会导致避孕失败。具体而言，首先，使用避孕套要在性交行为正式开始之前，也就是在性器官相互接触之前就开始使用。其次,在性行为之后,要及时地将男性的性器官和避孕套一起从女性的阴道之内取出,从而避免避孕套滑落,导致女性怀孕。此外,使用避孕套一定要在使用之前检查避孕套是否有漏洞,否则就会导致避孕失败。总而言之,避孕套的使用方式一定要正确,只有这样才能保证避孕达到良好的效果。

避孕套的避孕成功率很高,但是也会有失败的可能。如果避孕套避孕失败,可以采取紧急避孕的方式进行亡羊补牢,也就是口服紧急避孕药。紧急避孕药是一种在发生性行为之后七十二小时内服用的药物,可以有效地阻止受精卵着床,从而避免女性怀孕。

当然,最好的保护方法就是在青春期中杜绝性行为的发生,毕竟青春期女孩还很年轻稚嫩,对于爱情也没有深刻的理解,所以她们未必知道自己想要怎样的爱情,与其在性行为发生之后给自己带来无法挽回的伤害,还不如擦亮眼睛,更长久地考察恋爱的对象,再确定自己是否要和对方厮守终身。

不管是避孕套还是紧急避孕药,对于女孩来说,都是在性行为不可避免要发生或发生之后采取的自我保护措施,也是一种补救的措施。如果女孩做不到拒绝性行为,那么在发生性行为的时候一定要做好防护措施,或者在意外的性行为发生之后及时采取措施补救,以最大限度地避免怀孕。

这段时间,琪琪发现班级里的男生们常常拿着一个奇怪的东西彼此传递,琪琪不知道男生拿的是什么,忍不住想要看一看,男生却马上紧张地将其藏起来。有一天,琪琪无意间问起好朋友:"男生到底在干什么呀?他们每天都拿着一个奇怪的东西在研究。"好朋友笑着问:"琪琪,难道你真的不知道吗?"琪琪摇摇头:"我当然不知道。我有一次想看,他们都不给我看。"好朋友忍不住拍了琪琪一下,说:"他们幸亏没给你看,不然你一定会面红耳赤。"琪琪疑惑地看着好朋友,好朋友解释道:"男生拿着的是避孕套呀!"听到好朋友的回答,琪琪惊讶得瞠目结舌。好朋友说:"这有什么呢?你可能不知道，班级里有几个男生和女生已经尝试过了，所以他们才需要用到这个东西。"

琪琪非常惊讶，她没想到身边的男生和女生居然已经进行了成人之间才能进行的性行为。后来，琪琪在网络上搜索关于避孕套的知识，了解到避孕套可以避免怀孕，也可以防止性病。

对于青春期的男孩和女孩来说，他们之中很少有人知道在发生性行为的时候要使用避孕套，这是性教育的缺失导致的。如果男孩和女孩在发生性行为的时候可以正确地使用避孕套来阻止怀孕，保证彼此的卫生安全，就可以让女孩避免因怀孕而受到伤害。

但是很多事情，并不是父母禁止就不会发生的。青春期的男孩和女孩对于性有着强烈的好奇心，因为性意识的冲动和萌发，他们会在特定的场合做出无法控制的事情。所以，当性行为来势汹汹、不可避免的时候，最重要的是教会女孩使用避孕工具，从而更好地保护自己。

◇ **爸妈有话说：**

在月经初潮之后，你就已经具备了生育能力，这意味着，如果你与异性发生性行为，你就很有可能怀孕。你还很小，最重要的是避免发生性行为，如果不可避免发生性行为，就一定要采取使用避孕措施来保证安全。如果在无法预料的情况下发生性行为，也不要感到慌张，而是要第一时间告诉爸妈，父母会和你一起面对和解决问题。

参考文献

[1]郜莹著.妈妈必须教给女儿的事[M].南宁：漓江出版社，2010.

[2]若贝尔.来不及告诉女儿的事[M].北京：文化艺术出版社，2010.

[3]徐玉霞.中国好妈妈女孩养育心经[M].北京：外文出版社，2013.

[4][日]高滨正伸.妈妈，你其实不懂女孩[M].南昌：江西科学技术出版社，2020.